Lüders / Feldmann / Jungbauer · Kinder mit FASD in der Schule

Laura Lüders / Reinhold Feldmann / Johannes Jungbauer

Kinder mit FASD in der Schule

BELTZ

Laura Lüders, Sozialpädagogin, Medizinökonomin, M.A. Kooperationsmanagement, ist seit 2013 tätig im Referat für internationale Sorgerechtskonflikte, Bundesamt für Justiz in Bonn.

Reinhold Feldmann, Dr. rer. medic., lic. iur. can., Dipl.-Psych., Dipl.-Theol., Psychol. Psychotherapeut, ist seit 1998 tätig in der Kinderklinik des UKM Münster, seit 2011 auch in der FASD-Ambulanz in Walstedde.

Johannes Jungbauer, Dr. phil. habil., Dipl.-Psych. und Supervisor (BDP), ist Professor für Entwicklungs- und Familienpsychologie an der Kath. Hochschule Nordrhein-Westfalen und Leiter des Instituts für Gesundheitsforschung und Soziale Psychiatrie (igsp) in Aachen.

FSC www.fsc.org MIX Papier aus verantwortungsvollen Quellen FSC® C089473

Dieses Buch ist erhältlich als:
ISBN 978-3-407-63178-7 Print
ISBN 978-3-407-63179-4 E-Book (PDF)

1. Auflage 2020

in der Verlagsgruppe Beltz · Weinheim Basel
Werderstraße 10, 69469 Weinheim

Lektorat: Heike Chan Hin
Umschlaggestaltung: Victoria Larson
Umschlagabbildung: © PhotoAlto/Frederic Cirou; getty images

Herstellung/Satz: Victoria Larson
Druck und Bindung: Beltz Grafische Betriebe, Bad Langensalza
Printed in Germany

Weitere Informationen zu unseren Autoren und Titeln finden Sie unter: www.beltz.de

Inhalt

Vorwort 7

1. Fetale Alkoholspektrum-Störung (FASD) – Was ist das eigentlich? 10
- 1.1 Fachbegriffe, Definitionen, Diagnosen 11
- 1.2 Ursache: Alkohol während der Schwangerschaft 15
- 1.3 Folgen einer »giftigen« Schwangerschaft 17
- 1.4 Behandlungsansätze 20

2. FASD-Kinder in der Schule 22
- 2.1 Schulische Probleme durch FASD 23
- 2.2 Bedürfnisse und Herausforderungen von FASD-Kindern im schulischen Alltag 25
- 2.3 Kinder mit Lernbeeinträchtigungen 30

3. Empfehlungen für den schulischen Alltag 31
- 3.1 Schlüsselfaktoren 32
- 3.2 Kooperation 33
- 3.3 Verhalten richtig deuten 39
- 3.4 Kommunikation 43
- 3.5 Struktur und Beständigkeit 46
- 3.6 Sozialkompetenz 53
- 3.7 Entwicklungsgerechtes Lernen 56
- 3.8 Grundbedürfnisse erkennen 60
- 3.9 Das Wichtigste auf den Punkt gebracht 63

4. Erfahrungsberichte 64
- 4.1 Erfahrungsbericht einer Schulleiterin 65
  »Die Schule sollte vor allem dazu beitragen, betroffene Kinder bestmöglich auf das Leben vorzubereiten!«
- 4.2 Erfahrungsbericht einer Plege-/Adoptivmutter 69
  »In der Schule sollten die Kinder ohne Druck lernen dürfen und nur das leisten müssen, was sie können.«
- 4.3 Erfahrungsbericht einer FASD-Betroffenen 73
  »Ein strukturierter Schulalltag mit wenigen Reizen war wichtig für mich.«

5. Anregungen aus der klinischen Praxis 77

5.1 »Entscheidend ist die Haltung der Lehrkräfte« – FASD-Kinder und Schule aus der Perspektive der klinischen Praxis 78

5.2 Schulische Überforderung 78

5.3 Hilfestellungen aus Elternsicht 81

5.4 Zum Schluss 84

6. Serviceteil 85

6.1 Literaturempfehlungen 86

6.2 Empfehlenswerte Filme und Videos 87

6.3 Weblinks (Auswahl) 89

6.4 Ausstellung ZERO! 89

6.5 Hilfreiche Adressen (Auswahl) 90

6.6 Fragebogen »Fetal Alcohol Syndrome Questionnaire« (FASQ) 93

Downloadmaterialien

(auf der Produktseite zu diesem Buch unter www.beltz.de)

Informationsblatt Eltern

Zielvereinbarung

Informationsblatt Lehrkräfte

Hilfestellung Verhaltensdeutung

Kommunikationsbeispiele

Checkliste bei Konflikten und Problemen

Checkliste für Hausaufgaben

Traumreise »Am Strand«

Fragebogen »Fetal Alcohol Syndrome Questionnaire«

Vorwort

Letzten Monat noch konnte Paul das Einmaleins fast einwandfrei aufsagen. Als seine Lehrerin ihm und seinen Mitschülern an diesem Morgen zur Wiederholung ein Aufgabenblatt mit Einmaleins-Rechnungen auf den Tisch legt, wird er unruhig. Er albert herum. Er wackelt auf seinem Stuhl hin und her und schenkt dem Aufgabenblatt keine Aufmerksamkeit. Schließlich wird er wütend, steht auf und malt wie wild auf dem Blatt herum, schließlich zerreißt er es. Solche Situationen kommen häufiger vor. Pauls Mitschüler verspotten ihn, in der Schule heißt es oft, er wäre faul und aggressiv. Paul leidet jedoch an einer Fetalen Alkoholspektrum-Störung. Er ist nicht faul – er hat das Einmaleins tatsächlich nach einem Monat wieder vergessen. Er ist nicht grundsätzlich aggressiv – Paul ist überfordert und weiß sich nicht anders zu helfen.

Die Fetale Alkoholspektrum-Störung (FASD) zählt zu den häufigsten »angeborenen« Ursachen für geistige Behinderungen und Entwicklungsstörungen. Dennoch rückt dieses Krankheitsbild nur sehr langsam in die gesellschaftliche Aufmerksamkeit, selbst medizinische und pädagogische Fachkräfte wissen noch zu wenig über die Auswirkungen einer FASD. In Bildungseinrichtungen wie Kindergarten und Schule ist meistens nur wenig Wissen über die besonderen Bedürfnisse der Betroffenen vorhanden, und auch die pädagogischen Konzepte sind in der Regel nicht auf den Umgang mit betroffenen Kindern und ihre Förderung ausgelegt. Dabei sind Kinder und Jugendliche mit FASD in der Regel in mehreren Lebensbereichen deutlich beeinträchtigt. Sie benötigen fachgerechte Hilfe und Förderung auf unterschiedlichen Ebenen, wofür ausreichendes Fachwissen über FASD sowie entsprechende Kompetenzen auf Seiten der beteiligten Institutionen unabdingbar sind. Darüber hinaus muss die Gesellschaft über das Thema FASD noch mehr aufgeklärt und für die Auswirkungen sensibilisiert werden.

Wenngleich die FASD-bedingten Schäden nicht heilbar sind, ermöglichen eine frühe Diagnose sowie die Sensibilisierung des Umfelds den bestmöglichen Umgang mit Betroffenen. Dabei gilt der Grundsatz: Je früher, individueller und qualifizierter Hilfen und Fördermaßnahmen einsetzen, desto größer ist die Chance, den Lebensweg der betroffenen Kinder positiv zu beeinflussen. Dieser Aspekt ist insbesondere in der Schule wichtig. Nicht alle Kinder mit FASD sind intellektuell beeinträchtigt, doch zeigt die Erfahrung, dass die meisten betroffenen Kinder typische Lern- und Verhaltensprobleme aufweisen, die erhebliche Herausforderungen gerade im schulischen Alltag mit sich bringen.

Ein grundlegendes Verständnis der durch FASD bedingten spezifischen Bedürfnisse ist der Schlüssel, um betroffenen Kindern ein passendes schulisches Angebot zur Verfügung stellen zu können. Eine Studie an 60 jungen an FASD erkrankten Erwachsenen kommt zu dem Ergebnis, dass 43 Prozent der FASD-Erkrankten einen Hauptschulabschluss erreichen und 25 Prozent ohne einen Schulabschluss die Schule verlassen (Feldmann & Ellinger, 2012). Es ist davon auszugehen, dass viele Kinder mit FASD einen Schulabschluss erreichen könnten, sofern ihnen Entwicklungsräume zur Verfügung gestellt werden, die ihren besonderen Bedürfnissen gerecht werden.

Was aber ist notwendig, um den betroffenen Kindern einen guten schulischen Alltag zu ermöglichen? Welche Bedingungen muss die Schule erfüllen? Welche besonderen Anforderungen müssen Lehrkräfte berücksichtigen? Welche Rahmenbedingungen müssen bei der Unterrichtsgestaltung Beachtung finden? Wie können Eltern unterstützend einbezogen werden?

Auf all diese Fragen zum schulischen Alltag mit FASD-Kindern soll in diesem handlichen Buch eingegangen werden. Dabei haben wir uns an dem Informationsbedarf von Lehrkräften, Eltern bzw. Pflegeeltern und Mitarbeitern sozialer Einrichtungen orientiert, die sich zunächst einen Überblick verschaffen möchten, ohne umfangreiche akademische Fachtexte »durcharbeiten« zu müssen. Dieses Buch vermittelt daher in kompakter und allgemein verständlicher Form wichtige Basiskenntnisse zum Umgang und zur Förderung von Schülerinnen und Schülern mit FASD.

Zunächst wird das Krankheitsbild FASD genauer beschrieben: Was ist die Ursache der FASD? Und wie äußern sich die physischen sowie psychischen Folgen? Anschließend werden die spezifischen Bedürfnisse von FASD-Kindern im schulischen Alltag aufgezeigt, und es werden konkrete Handlungsempfehlungen für den täglichen, gemeinsamen Umgang gegeben. Dabei war es uns wichtig, die Informationen, Empfehlungen und Tipps möglichst übersichtlich und praxisbezogen darzustellen. Sie wurden in Zusammenarbeit mit der Universitätskinderklinik Münster im Rahmen einer Befragung von Eltern und Lehrern sowie unter Berücksichtigung der aktuellen internationalen Fachliteratur erarbeitet. Die Umsetzung der dargestellten Praxishinweise und Tipps dürfte insbesondere in Förderschulen gut möglich sein, ist aber unseres Erachtens – zumindest in Teilen – auch im Rahmen des inklusiven Unterrichts an Regelschulen praktikabel.

Um ein besseres Verständnis für die Betroffenen und deren Umfeld zu ermöglichen, war es uns ein wichtiges Anliegen, Einblicke in das Erleben von Menschen zu geben, die von FASD betroffen oder mitbetroffen sind. Aus diesem Grund finden sich in diesem Buch auch drei persönliche Erfahrungsberichte: Eine Lehrerin und Leiterin einer Förderschule, die Pflegemutter eines betroffenen Kindes sowie eine junge Frau mit FASD waren bereit, über ihre Erfahrungen zum Thema FASD in der Schule zu berichten. So zeigt der Erfahrungsbericht der Schulleiterin eindrücklich die wichtige Bedeutung der Schule als Lebens- und Entwicklungsraum für Kinder mit FASD. Er macht am Beispiel dieser Kinder deutlich, dass der Bildungsauftrag von Schulen weit mehr umfasst als nur Wissensvermittlung. Schule kann gerade Kindern mit FASD wichtige Alltags- und soziale Kompetenzen vermitteln, die für das Leben nach der

Schulzeit wichtig sind und eine bessere Teilhabe ermöglichen. Der Erfahrungsbericht der Pflege- und Adoptivmutter macht deutlich, dass das Wohlbefinden der betroffenen Kinder das wichtigste Kriterium für eine gute gesunde Entwicklung ist. Die Schule kann dazu in hohem Maße beitragen, indem sie die besonderen und oft sehr individuellen Bedürfnisse der Kinder anerkennt: Wenn die Kinder ohne Druck lernen und leben dürfen, ebnet man ihnen bestmöglich den Weg ins Leben. Die FASD-Betroffene selbst schildert rückblickend sehr offen und aufrichtig ihre persönlichen Hürden im schulischen Alltag und die Möglichkeiten der Schule, bessere Lebens- und Lernbedingungen für Schülerinnen und Schüler mit FASD zu schaffen.

Im Rahmen dieses Buchs können natürlich nicht alle Möglichkeiten im Umgang mit FASD-Kindern im schulischen Kontext dargestellt werden. Unser Ziel war es vielmehr, die wichtigsten Bereiche im täglichen (schulischen) Umgang mit FASD-Kindern zu erläutern und eine grundlegende Orientierung für Lehrkräfte, (Pflege-)Eltern und soziale Einrichtungen bereitzustellen. Im Serviceteil am Ende dieses Buchs finden interessierte Leserinnen und Leser zahlreiche Hinweise für eine vertiefende Auseinandersetzung mit dem Thema FASD wie z. B. empfehlenswerte Fach- und Ratgeberliteratur, Videos und DVDs sowie nützliche Adressen und Weblinks. Darüber hinaus findet sich im Service-Teil der von Reinhold Feldmann konzipierte Fragebogen Fetal Alcohol Syndrome Questionnaire (FASQ), der die Diagnosestellung bei FASD ergänzen kann, samt einer Anleitung zur Auswertung.

Abschließend noch ein paar Lesehinweise: Um einen besseren Lesefluss zu gewährleisten, haben wir auf die durchgängige Verwendung sowohl der männlichen als auch der weiblichen Form verzichtet. Sämtliche Personenbezeichnungen (z. B. Lehrerin, Pädagoge, Schüler) gelten gleichwohl für alle Geschlechter. Weiterhin wird zum einfacheren Lesen nicht zwischen den verschiedenen Altersspannen »Kind« und »Jugendlicher« unterschieden. Die Begriffe Elternhaus, Eltern und Familie können sich sowohl auf die (biologische) Ursprungsfamilie als auch auf die Pflegefamilie beziehen.

Auf www.beltz.de finden Sie auf der Produktseite zu diesem Buch verschiedene der im folgenden vorgestellten Materialien auch zum Download.

1. Fetale Alkoholspektrum-Störung (FASD) – Was ist das eigentlich?

1.1 Fachbegriffe, Definitionen, Diagnosen

Die Abkürzung **FASD** steht für den englischen Fachbegriff **F**etal **A**lcohol **S**pectrum **D**isorder, der ins Deutsche übersetzt **Fetale Alkoholspektrum-Störung** lautet. Der Begriff bezeichnet eine Schädigung des Kindes, die durch Alkoholkonsum der Mutter während der Schwangerschaft entsteht. FASD ist weltweit eine der häufigsten angeborenen Behinderungen.

Alkohol gilt seit Jahrhunderten in den verschiedensten Kulturen und Gesellschaften als Genussmittel. Dabei wird häufig verkannt, welche Risiken in dem vermeintlichen Genuss stecken, denn Alkohol ist ein hochwirksames Zellgift. Schwangere, die zu einem Glas Alkohol greifen, können damit ihrem ungeborenen Kind gravierende Schäden zufügen.

Allein in Deutschland werden jedes Jahr etwa 6000 Kinder geboren – das entspricht 1 Prozent der Neugeborenen –, die von den Folgen der Alkoholschädigung während der Schwangerschaft betroffen sind, davon leiden ca. 2000 unter der schwerwiegendsten Form, dem **Fetalen Alkoholsyndrom (FAS)** (Nordhues et al., 2013).

Die vorgeburtliche Schädigung durch den Alkoholkonsum der Schwangeren kann sich ganz unterschiedlich auf das Kind auswirken. Der Begriff »Spektrum-Störung« macht dabei deutlich, dass die Behinderung viele verschiedene Ausprägungen und Facetten haben kann: Es existiert ein großes Spektrum an äußerlichen und geistigen Merkmalen, wie beispielsweise Kleinwuchs, typische Gesichtsmerkmale, Entwicklungsverzögerungen und Verhaltensauffälligkeiten (s. 1.2), die in verschiedenster Zusammensetzung auftreten können. FASD kann also sowohl zu geistigen als auch zu körperlichen Behinderungen führen. Manche Kinder haben auch »nur« geistige Beeinträchtigungen, erscheinen aber äußerlich völlig altersgerecht entwickelt.

Unter dem Oberbegriff **Fetale Alkoholspektrum-Störung (FASD)** werden alle möglichen Formen und Ausprägungen von kindlichen Entwicklungsstörungen und Beeinträchtigungen zusammengefasst, die durch Alkoholkonsum der Mutter während der Schwangerschaft entstanden sind.

Die Diagnose kann noch weiter differenziert werden: Der Begriff »Fetales Alkoholsyndrom« (FAS) beschreibt das Vollbild der Behinderung. Vom Vollbild sprechen Mediziner dann, wenn alle äußerlichen Merkmale, vor allem auch eine Wachstumsstörung, vorliegen.

Für das Vollbild (FAS) steht seit 2012, veranlasst durch die Drogenbeauftragte der Bundesregierung, eine S3-Leitlinie zur Diagnosestellung bereit. S3-Leitlinien stellen evidenzbasierte Empfehlungen für die Praxis dar. Sie werden auf Basis systematischer

Bewertung empirischer Untersuchungen von einer multidisziplinären Expertengruppe formuliert.

Für die **Diagnose des Vollbilds FAS** sollen nach der S3-Leitlinie folgende vier Kriterien zutreffen:

1. Wachstumsauffälligkeiten (z. B. Minderwuchs)
2. besondere Gesichtsmerkmale (z. B. kurze Lidspalte des Auges, schmale Oberlippe, verstrichene Rinne zwischen Nase und Oberlippe)
3. Auffälligkeiten des Zentralnervensystems (z. B. Entwicklungsstörungen, Intelligenzminderungen, Störungen des Sozialverhaltens, Beeinträchtigungen beim Lesen, Lernen und Rechnen, Störungen der Feinmotorik, Beeinträchtigung des Impulshandelns)
4. bestätigte oder nicht bestätigte intrauterine (vorgeburtliche) Alkohol-Exposition

2016 wurde die S3-Leitlinie erweitert und beschreibt nun die Diagnosen der weiteren Fetalen Alkoholspektrum-Störungen (pFAS, ARND) bei Kindern und Jugendlichen von null bis achtzehn Jahren.

Wenn nicht alle Kriterien des Vollbilds vorliegen, also z. B. zwar typische Gesichtsmerkmale vorhanden sind, aber keine Kleinwüchsigkeit vorliegt, spricht man von einem **partiellen Alkoholsyndrom (pFAS)**. Sind ausschließlich Verhaltenssauffälligkeiten und kognitive Einbußen beim Kind auf den Alkoholkonsum der Mutter zurückzuführen, spricht man von **alkoholbezogenen neurologischen Entwicklungsstörungen (ARND).**

Für die **Diagnose des partiellen FAS** sollen nach der S3-Leitlinie folgende drei Kriterien zutreffen:

1. besondere Gesichtsmerkmale (z. B. kurze Lidspalte des Auges, schmale Oberlippe, verstrichene Rinne zwischen Nase und Oberlippe)
2. Auffälligkeiten des Zentralnervensystems (z. B. Entwicklungsstörungen, Intelligenzminderungen, Störungen des Sozialverhaltens, Beeinträchtigungen beim Lesen, Lernen und Rechnen, Störungen der Feinmotorik, Beeinträchtigung des Impulshandelns)
3. bestätigter oder wahrscheinlicher Alkoholkonsum der Mutter während der Schwangerschaft

Für die **Diagnose des ARND** sollen nach der S3-Leitlinie folgende zwei Kriterien zutreffen:

1. Auffälligkeiten des Zentralnervensystems (z. B. Entwicklungsstörungen, Intelligenzminderungen, Störungen des Sozialverhaltens, Beeinträchtigungen beim Lesen, Lernen und Rechnen, Störungen der Feinmotorik und Beeinträchtigung des Impulshandelns)
2. bestätigter Alkoholkonsum der Mutter während der Schwangerschaft (Der Alkoholkonsum muss nicht durch die Mutter selbst bestätigt werden, sollte aber glaubhaft bekannt sein.)

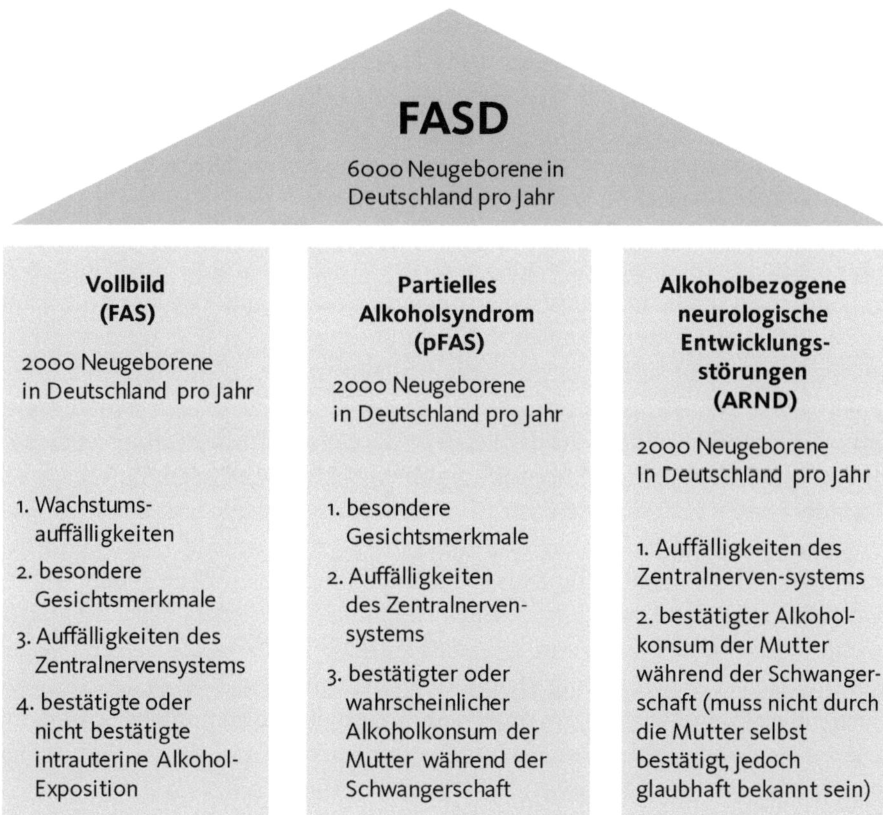

Abbildung 1: Prävalenz und Diagnosekriterien der Fetalen Alkoholspektrum-Störungen

Der Notwendigkeit, standardisierte diagnostische Kriterien für die Fetalen Alkoholspektrum-Störungen zu definieren, die unmissverständlich in der Praxis genutzt werden können, wurde mit der S3-Leitlinie nachgegangen.

Die S3-Leitlinie soll Ärzte sensibilisieren und ermutigen, einen möglichen Verdacht im Hinblick auf das Vorliegen eines Fetalen Alkoholsyndroms zu äußern. Jedes Kind zeigt ein individuelles Muster an Stärken und Schwächen, welches differenziert beurteilt werden muss. Erst durch die Aufmerksamkeit und die Zusammenarbeit aller Berufsgruppen im Bildungs- und Gesundheitswesen können die notwendige professionelle Diagnostik und eine angemessene Förderung und Therapie für Kinder mit FASD auf den Weg gebracht werden.

Wird ein Verdacht auf FASD formuliert oder gibt es Unsicherheit hinsichtlich der Diagnose FASD, sollte der betreuende Arzt (z. B. Kinderarzt) das Kind zur weiterführenden Diagnostik an einen FASD erfahrenen Leistungserbringer verweisen, welcher anhand der oben genannten Kriterien das Vorhandensein einer FASD bestätigt oder ausschließt. Die Leitlinien verzichten darauf, den Begriff »FASD erfahrener Leistungsbringer« genau zu definieren, da es bislang keine Zertifizierung zum FASD-Spezialisten gibt. Eine Forderung der Drogenbeauftragten der Bundesregierung ist jedoch, dass der Arzt, der die endgültige Diagnose FASD stellt, über langjährige Erfahrung mit betroffenen Kindern verfügt. Es gibt bundesweit wenig spezialisierte Anlaufstellen. Im Serviceteil dieses Buches finden Sie wichtige Adressen.

Man kann sich gut vorstellen, dass aufgrund der zum Teil sehr unterschiedlichen Ausprägungen der FASD die Diagnosestellung erschwert sein kann. Die Diagnose ist nicht auf ein spezifisches Symptom zurückzuführen, sondern ergibt sich aus dem Gesamtbild vieler Tests. Nicht selten werden lediglich die mit FASD einhergehenden Folgeerkrankungen und Entwicklungsprobleme festgestellt (z. B. Verhaltensauffälligkeiten), die ohne die eigentliche Diagnose der Fetalen Alkoholspektrum-Störung leicht zu falschen Schlussfolgerungen und Behandlungsformen führen können. So erhalten z. B. viele Kinder mit FASD aufgrund ihrer Konzentrationsprobleme und ihres großen Bewegungsdrangs zunächst die Diagnose ADHS. Bei FASD handelt es sich jedoch um ein qualitativ anderes Störungsbild, und betroffene Kinder benötigen andere Angebote der Unterstützung und Förderung. Auch wird häufig fälschlicher Weise die Diagnose »Autismus« gestellt, da Kinder mit FASD oft autistisches Verhalten zeigen (Beharren auf Routinen und Ritualen, wenig Phantasie, wenige gute Sozialkontakte). Dass FASD in vielen Fällen zunächst nicht korrekt erkannt wird, liegt unter anderem an der sehr komplexen und noch in der Entwicklung befindlichen Diagnostik. So gibt es bisher beispielsweise noch keine bildgebenden Diagnoseverfahren für FASD.

Fehlen äußerliche Merkmale teilweise oder komplett, dann ist die Diagnose besonders schwierig. Eine erste Orientierung für FASD erfahrene Leistungsbringer bietet hier der im Jahr 2008 von der FAS-Ambulanz der Universitätsklinik Münster entwickelte diagnostische Fragebogen »Fetal Alcohol Syndrome Questionnaire« (FASQ), in dem insbesondere soziale und emotionale Symptome abgefragt werden. Grundlage des FASQ sind 38 Fragen, die die Verhaltensauffälligkeiten und emotionalen Beeinträchtigungen des Kindes erfassen sollen. In einer Evaluationsstudie konnte gezeigt werden, dass der FASQ sehr gut zwischen FASD und anderen mit dem Syndrom verwechselbaren Störungen (v.a. ADHS und Autismus) unterscheidet. Die im FASQ genannten Auffälligkeiten sind vor allem von den Eltern einzuschätzen. Er kann aber auch Lehrern eine erste Einschätzung liefern, wenn die Vermutung besteht, dass FASD vorliegen könnte. Dieser Verdacht muss dann unbedingt von ärztlicher Seite abgeklärt werden. Daher möchten wir hier noch einmal betonen: Der Fragebogen kann keine fachliche Diagnosestellung ersetzen! Trotzdem ist er sehr hilfreich im Hinblick auf eine erste Orientierung und als Unterstützung im gesamten Diagnoseprozess. Den Fragebogen finden Sie im Serviceteil dieses Buchs, mitsamt einer Anleitung zur Auswertung.

Bei FASD gilt der Grundsatz: Je früher, individueller und qualifizierter Hilfen und Fördermaßnahmen einsetzen, desto größer ist die Chance, den Lebensweg betroffener Kinder positiv zu beeinflussen. (© cookelma; iStock)

1.2 Ursache: Alkohol während der Schwangerschaft

Es ist ein verbreiteter Irrglaube, dass geringfügiger oder gelegentlicher Alkoholkonsum (z.B. ein Gläschen Sekt bei einer Familienfeier) dem Kind im Mutterleib nicht schaden kann. Leider wird diese falsche Annahme sogar durch manche Hausärzte und Gynäkologen vertreten und bestärkt.

Kein Gläschen in Ehren! Ursache der FASD ist der Alkoholkonsum einer werdenden Mutter während der Schwangerschaft. Selbst geringe Mengen können fatale Folgen haben!

Wir wissen heute, dass Alkoholkonsum während der Schwangerschaft zu gravierenden Schädigungen beim Kind führen kann. Die einzelnen Organe des Ungeborenen reifen in unterschiedlichen Zeitfenstern. Alkohol kann sich in jeder Phase der Schwangerschaft schädigend auf Organe und Organsysteme des Ungeborenen auswirken. Weil sich das zentrale Nervensystem während der gesamten neun Monate der Schwangerschaft entwickelt, ist es am stärksten gefährdet (Landgraf & Hoff, 2018).

Das **zentrale Nervensystem** übernimmt lebenswichtige Aufgaben. Es ermöglicht u. a. das Bewusstsein, die Sprache, das Denken, die Vernunft und das Gedächtnis. Es dient der Verarbeitung von Nachrichten aus der Umwelt. Es reguliert alle lebensnotwendigen Systeme im menschlichen Körper, wie z. B. Atmung und Blutkreislauf, und ist auch verantwortlich für die Kontrolle des Zusammenspiels von Körperhaltung und Bewegung.

Mit anderen Worten: Es gibt keinen sicheren Grenzwert für ungefährlichen Alkoholkonsum während der Schwangerschaft. Alkohol, der durch die werdende Mutter aufgenommen wird, durchdringt ungehindert die Plazenta. Das sich entwickelnde Kind hat daher in kürzester Zeit denselben Blutalkoholspiegel wie die werdende Mutter. Doch aufgrund seiner unreifen Leber ist der Organismus des Ungeborenen nur sehr begrenzt in der Lage, den Alkohol selbständig abzubauen. Ein Fötus braucht dafür mehr Zeit als die schwangere Mutter.

Viele werdende Mütter unterschätzen das Risiko von Alkoholkonsum während der Schwangerschaft. Doch bereits geringe Mengen Alkohol können schwere und irreversible Schädigungen der Hirnstrukturen des Ungeborenen zur Folge haben!

Die von der Drogenbeauftragten der Bundesregierung im Zusammenhang mit der entwickelten S3-Leitlinie zur FASD-Diagnostik bekannt gegebene Prävalenz (Häufigkeit) von mütterlichem Alkoholkonsum in der Schwangerschaft beträgt in Europa zwischen 14,4 Prozent und 30,0 Prozent. Bereits diese Zahlen erscheinen sehr hoch. Doch es kommt noch hinzu, dass diese Zahlen auf Befragungen von werdenden Müttern basieren. Daher ist es wahrscheinlich, dass nicht alle Mütter (z. B. aufgrund von Schamgefühl) wahrheitsgemäß von ihrem Alkoholkonsum berichtet haben und das tatsächliche Ausmaß von Alkoholkonsum während der Schwangerschaft sogar noch höher ist.

1.3 Folgen einer »giftigen« Schwangerschaft

Die Schädigungen, die ein Ungeborenes durch den Alkoholkonsum seiner Mutter erleidet, können sowohl zu geistigen als auch zu körperlichen Behinderungen führen. Bei körperlichen Schädigungen entstehen Krankheitsbilder mit den Leitsymptomen Kleinwuchs, Veränderungen des Gesichts (z.B. kurze Lidspalte des Auges, schmale Oberlippe, verstrichene Rinne zwischen Nase und Oberlippe) und ein kleiner Kopfumfang (vgl. Abb. 2). Die Gesichtsmerkmale werden vom behandelnden Arzt mit dem Lineal direkt am Patienten oder anhand eines auf die Stirn geklebten Referenzpunktes auf einem Foto mithilfe eines PC-Programms gemessen.

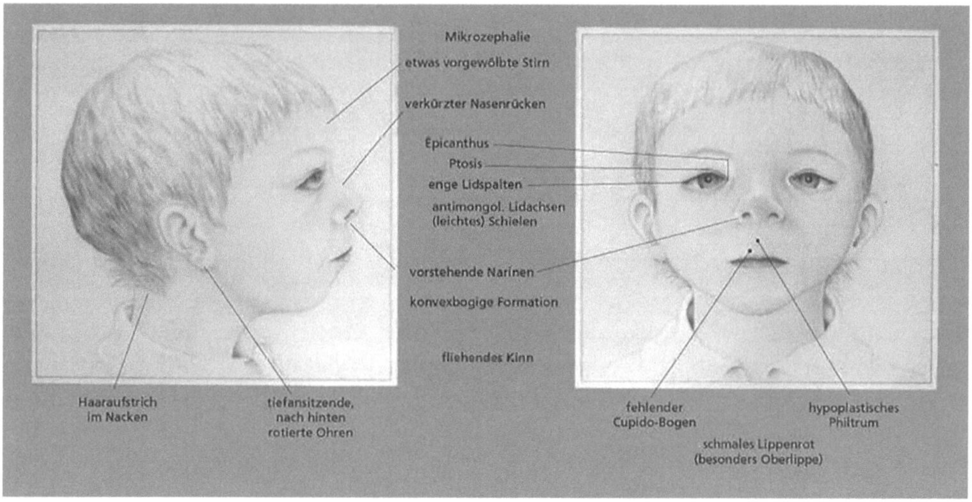

Abbildung 2: Mögliche Gesichtsmerkmale (© Reinhold Feldmann)

Geistige Beeinträchtigungen durch Schädigungen des Zentralen Nervensystems können sich auf verschiedene Art und Weise äußern, z. B. durch:

- unterschiedlich stark ausgeprägte Entwicklungsstörungen
- Intelligenzminderungen
- Störungen des Sozialverhaltens
- Beeinträchtigungen beim Lesen, Lernen und Rechnen
- Störungen der Feinmotorik
- Störungen der Gefahreneinschätzung
- Beeinträchtigung des Impulshandelns
- Störungen der räumlich-visuellen Wahrnehmung

- Störungen der Lern- und Merkfähigkeit
- allgemeine Konzentrationsstörungen

Alle Schädigungen variieren individuell in ihrem Auftreten, ihrer Ausprägung und in der Häufigkeit (Feldmann & Ellinger, 2012). So können Betroffene z. B. auch nach Jahren noch nicht abschätzen, wie gefährlich es ist, eine Straße ohne Ampelführung zu überqueren. Die Störungen der räumlich visuellen Fähigkeiten lassen sie oft orientierungslos wirken. Auch auf eigentlich bekannten Wegen finden sie sich ohne Hilfe häufig nicht zurecht. Spricht man sie an, erscheinen sie auf den ersten Blick »gesund«, da sie oftmals über eine hohe sprachliche Fähigkeit und einen gut ausgebildeten Wortschatz verfügen. Erklärt man einem FASD-Betroffenen den Weg, kann es jedoch passieren, dass er das Gesagte nicht aufnehmen oder umsetzen kann und orientierungslos bleibt.

Aufgrund ihrer sprachlichen Fähigkeiten werden Kinder mit FASD im häuslichen Umfeld und in der Schule leicht überschätzt. Das führt zu Missverständnissen, Konflikten sowie einer konstanten Überforderung und Frustration der Kinder. Oft verweigern Kinder dann die Schule, ziehen sich sozial zurück und wirken aggressiv.

Viele Kinder mit FASD haben eine auditive und/oder visuelle Gedächtnisstörung. (Lern)inhalte müssen oft wiederholt werden. Die Geduld der Bezugspersonen ist beansprucht.

Es ist für Betroffene z. B. auch schwierig, Beziehungen zu knüpfen und diese zu halten, da ihnen oft die Fähigkeit fehlt, ihr Gegenüber, dessen Mimik und Handlungen einschätzen zu können und ihre eigenen Aussagen und Handlungen daran anzupassen. Die mangelnde Impulskontrolle führt andersherum dazu, dass der nach außen zunächst zufrieden wirkende FASD-Betroffene von seinem Umfeld nicht verstanden wird, wenn er aus plötzlich auftretender Frustration heraus aggressiv und wütend wird. Menschen mit FASD werden aufgrund ihrer sozialen Entwicklungsstörungen oft sozial isoliert.

Die Auswirkung von FASD, die mit der Schädigung des Frontalhirns zusammenhängt, ist für den Alltag der Betroffenen häufig am bedeutendsten. Das Frontalhirn ist für die sogenannten Exekutivfunktionen zuständig.

Mithilfe der sogenannten **Exekutivfunktionen** können wir unseren Alltag erfolgreich bewältigen und (neue) Aufgaben in Angriff nehmen und bewältigen. Exekutivfunktionen koordinieren unsere Handlungsplanung und steuern unsere Impulse. Durch die Exekutivfunktionen sind wir in der Lage, aus Erfahrungen zu lernen. Sie sind also für eine selbständige Lebensführung und Teilhabe in der Gesellschaft von großer Bedeutung.

Störungen der Exekutivfunktionen bewirken eine starke Beeinträchtigung im lebenspraktischen Alltag, welcher von Routinen geprägt ist. Die Einschränkungen der Alltagskompetenzen ähneln denen von Demenzerkrankten. Sie werden von Außenstehenden häufig als »normale« Unordentlichkeit und Vergesslichkeit wahrgenommen und abgetan. Häufig werden die Kinder in den üblichen standardisierten Intelligenztests auch als durchschnittlich intelligent eingestuft. Das liegt daran, dass die Exekutivfunktionen für die Aufgabenerfüllung der IQ-Tests nur selten benötigt werden. Das Ergebnis eines IQ-Tests entspricht also häufig nicht der Wirklichkeit, und den Kindern wird im Alltag oft zu viel abverlangt.

FASD wird oft als »unsichtbare Behinderung« bezeichnet. Sie ist nicht auf den ersten Blick zu erkennen.

Für Dritte ist es demnach schwer nachzuvollziehen, warum ein augenscheinlich gesunder Jugendlicher mit guten verbalen Kompetenzen z. B. an der Aufgabe scheitert, ein einfaches Nudelgericht zuzubereiten. FASD-Betroffene aber können diese Aufgabe oft nicht bewältigen, selbst wenn sie das gleiche Gericht schon oft gekocht haben. Jeder einzelne Schritt (Wasser in einen Topf füllen, Topf auf den Herd stellen, Herd anschalten, Wasser zum Kochen bringen und dann erst die Nudeln in den Topf geben) muss immer wieder begleitet und erinnert werden.

Kinder und Jugendliche mit FASD sind daher häufig langfristig auf Begleitung, Unterstützung und Hilfe angewiesen, z. B. durch Eltern bzw. Pflegeeltern, Familienangehörige oder professionelle Helfer, die im Bedarfsfall steuernd eingreifen. Eine »normale« Teilhabe am sozialen Leben und eine selbständige Bewältigung des Alltags ist für viele FASD-Betroffene dauerhaft nicht möglich.

Natürlich können einige der oben genannten Auffälligkeiten und Auswirkungen auch bei einem gesunden Menschen auftreten. Bei FASD-Betroffenen aber sind diese oben genannten Merkmale besonders ausgeprägt und weisen auch nach therapeutischer Hilfe kaum Besserung auf.

Die durch FASD bedingten Schädigungen sind irreversibel. Die damit einhergehenden Beeinträchtigungen begleiten Betroffene in der Regel langfristig.

Die durch die Diagnose der Fetalen Alkoholspektrum-Störung beschriebenen Beeinträchtigungen haben Auswirkungen, die in allen Lebensbereichen und ganz besonders auch im Hinblick auf die Beschulung und die berufliche Planung berücksichtigt werden müssen.

Eine frühe Diagnosestellung kann durch eine individuelle Förderung sowie eine Anpassung des Umfelds an die individuellen Fähigkeiten, Bedürfnisse und Beeinträchtigungen des Betroffenen die Folgen der erlittenen Schäden lindern. Erfolgen diese nicht oder nicht rechtzeitig, kann es durch die dauerhafte Überforderung der Betroffenen zur Ausprägung von Sekundärbeeinträchtigungen kommen, wie z. B. psychische Störungen (Depression, Angsterkrankungen), geringes Selbstwertgefühl, straffälliges Verhalten. Die rechtzeitige und professionelle Diagnostik und der anschließende wissensbasierte und individuelle Umgang mit den Betroffenen ist entscheidend für den gesamten Lebensweg FASD-Erkrankter.

1.4 Behandlungsansätze

FASD ist nicht heilbar. Es sollten also in erster Linie protektive Faktoren zur Vermeidung von sekundären Störungen beachtet werden. Basis für jegliche Behandlungsansätze sind die folgenden zwei Punkte:

1. Eine frühe Diagnose ist ausschlaggebend. Sie vermeidet Fehldiagnosen und ungeeignete Therapien und die damit einhergehende Frustration der Familien und Betroffenen, wenn keine Besserung eintritt.
2. Ein stabiles und förderndes Umfeld während der Kindheit ist der Schlüssel für die bestmögliche Entwicklung der betroffenen Kinder.

Da kein einheitliches Krankheitsprofil existiert, müssen die professionellen und nicht professionellen Bezugspersonen bereit sein, die Förderung individuell auszuwählen und immer wieder an die aktuelle Entwicklung anzupassen. Studien über die Effektivität von speziellen Therapiemaßnahmen bei Kindern mit FASD sind kaum vorhanden.

Für die betroffenen Kinder sind z. B. folgende Therapieformen – individuell ausgewählt und angepasst – möglich:

- unterstützende medikamentöse Therapie
- therapeutisches Reiten
- Physiotherapie
- Ergotherapie
- Logopädie
- Heilpädagogik
- Psychotherapie
- Konzentrationstraining
- Selbstwirksamkeitstraining
- soziales Kompetenztraining

Therapeutisches Reiten ist nach den Erfahrungen der FASD-Ambulanz nachweislich nach Medikamenten die zweitwirksamste Therapie bei FASD-Kindern und daher sehr zu empfehlen.

Für die Familien von Betroffenen können folgende Hilfsmaßnahmen genannt werden:

- kontinuierliche Elternberatung und Unterstützung
- Beratung zu verschiedenen Erziehungsstilen
- Teilnahme an Selbsthilfegruppen
- Psychotherapie
- sozialrechtliche Beratung für Unterstützungsmöglichkeiten durch Leistungsträger (Krankenkasse etc.)

Wichtig: Eine vernetzte und multidisziplinäre Diagnostik und Therapie ist bei einem komplexen Störungsbild wie der FASD unabdingbar. Ein kontinuierlicher und interdisziplinärer Austausch zwischen allen das Kind umgebenden Personen ist wichtig.

Besonders die Schule stellt einen großen Lebensraum in der Entwicklung des Kindes dar. Techniken und Hilfsmittel für den schulischen Alltag sind für das Kind enorm wichtig und können in Absprache zwischen Lehrern und Eltern auch auf das häusliche Umfeld übertragen werden – oder umgekehrt.

2. FASD-Kinder in der Schule

2.1 Schulische Probleme durch FASD

Die Schulpflicht gilt bekanntermaßen für jedes Kind: für Kinder mit FASD ebenso wie für Kinder ohne Beeinträchtigung und Behinderung. Eine große Anzahl von FASD betroffener Kinder werden mit sieben Jahren eingeschult. In der Fachliteratur wird die Position vertreten, dass Kinder mit FASD eher eine Stufe niedriger beschult werden sollten, als es z. B. der im Rahmen der Schuleingangsdiagnostik ermittelte Intelligenzquotient nahelegen würde (Schindler, 2013). Das ist natürlich in jedem Einzelfall in Abstimmung zwischen Lehrern, Eltern und dem betroffenen Kind zu prüfen, da nicht jedes FASD-Kind gleichermaßen kognitive und soziale Defizite aufweist.

Studien mit jungen Erwachsenen mit FASD haben gezeigt, dass 25 Prozent der Betroffenen ohne einen Schulabschluss die Schule verlassen, allerdings erreichen auch über 40 Prozent einen Hauptschulabschluss (Feldmann & Ellinger, 2012). Eine Studie von Spohr und Steinhausen (2008) mit jungen Erwachsenen ergab, dass nur etwa ein Drittel der FASD-Betroffenen ein selbständiges Leben führen konnte. Es konnte evaluiert werden, dass z. B. Schulabbrüche, Arbeitslosigkeit und soziale Isolation ein selbständiges Leben verhinderten.

FASD-Kinder fühlen sich durch die »normalen« Anforderungen der Schule häufig überfordert. (© Pan xiaozhen, Unsplash)

Im Rahmen einer FASD ist es den Betroffenen häufig nicht möglich, den gestellten Leistungsanforderungen in der Schule gerecht zu werden. Ein Kind mit FASD zeigt typischerweise je nach Entwicklungsstand unterschiedliche Auffälligkeiten. In der Grundschule fällt die Behinderung meist noch nicht so stark auf. Der Unterricht und der Ablauf sind noch stärker strukturiert. Den Schülern wird klar vorgegeben, was, wann und wie zu tun ist. Aufgaben sind in dieser Phase meist noch schrittweise abzuarbeiten. In der Grundschule fallen meist zunächst die Unruhe und der Bewegungsdrang auf sowie die fehlende Ordnung der Arbeitsmaterialien. In der weiteren Schullaufbahn nehmen dann die Anforderungen an ein selbständiges Handeln immer mehr zu. Die Unterrichtsinhalte werden komplexer und das vorausgesetzte Wissen nicht abrufen zu können, überfordert den Betroffenen. Er kann die verschiedenen Lernschritte nur noch schwer nachvollziehen und nicht auf ähnliche Situationen übertragen, er kann sich selbst nur mühsam eine innere Routine aufbauen und dieser folgen, kann die Zeit schlecht einteilen und hat Probleme mit seinen Mitschülern. Je höher die Anforderungen werden, desto mehr wird der Schulalltag von Stress und Frustration begleitet, was wiederum die weitere Aufnahme von Informationen erschwert.

FASD-Kinder wirken häufig faul oder aggressiv, weil sie sich weigern, Aufgaben zu erledigen. Aufgrund mangelnder Impulskontrolle werden sie dann häufig laut und wütend und bleiben nicht auf ihrem Platz sitzen, weswegen die Lehrkräfte sie wiederholt maßregeln. Sowohl Lehrer als auch die FASD-Betroffenen selbst sind dann verzweifelt und mit der Situation überfordert. Die Kinder merken, dass sie anders sind, und begeben sich in den sozialen Rückzug.

Das Ausmaß der Beeinträchtigungen im Alltag durch FASD zu begreifen, ist der Schlüssel dazu, Kindern mit FASD ein passendes schulisches Angebot zur Verfügung zu stellen, was für beide Seiten befriedigend ist.

> Viele der Kinder mit FASD können einen Schulabschluss erreichen, sofern ihren Bedürfnissen angemessen Rechnung getragen wird.

Häufig werden spezifische Probleme erst in der frühen Einschulungsphase sichtbar. Vor der Einschulung wissen viele Pflege- und Adoptivfamilien nicht, dass ihr Kind pränatal Alkohol ausgesetzt war. Es gilt also, besonders als Lehrer, auffälliges Verhalten zu differenzieren, nicht zu stigmatisieren und in den Dialog mit den Eltern zu treten, Probleme anzusprechen, ggf. gemeinsam der Ursache auf den Grund zu gehen und ärztlichen Rat einzuholen. Im Serviceteil dieses Buches finden sich bundesweite Anlaufstellen, die sich u. a. auf die Diagnosestellung von FASD spezialisiert haben.

2.2 Bedürfnisse und Herausforderungen von FASD-Kindern im schulischen Alltag

Um die Auswirkungen der FASD im schulischen Alltag vollständig begreifen zu können, ist es notwendig, sich die besonderen Bedürfnisse betroffener Kinder und Jugendlicher bewusst zu machen.

Grundsätzlich haben alle Kinder individuelle Bedürfnisse – ob sie nun beeinträchtigt sind oder nicht. Eine Befriedigung elementarer kindlicher Grundbedürfnisse ist immer die Voraussetzung dafür, dass sie sich psychisch und physisch bestmöglich entwickeln und dass sie ihrem Alter entsprechende Fähigkeiten entwickeln und ausbauen können.

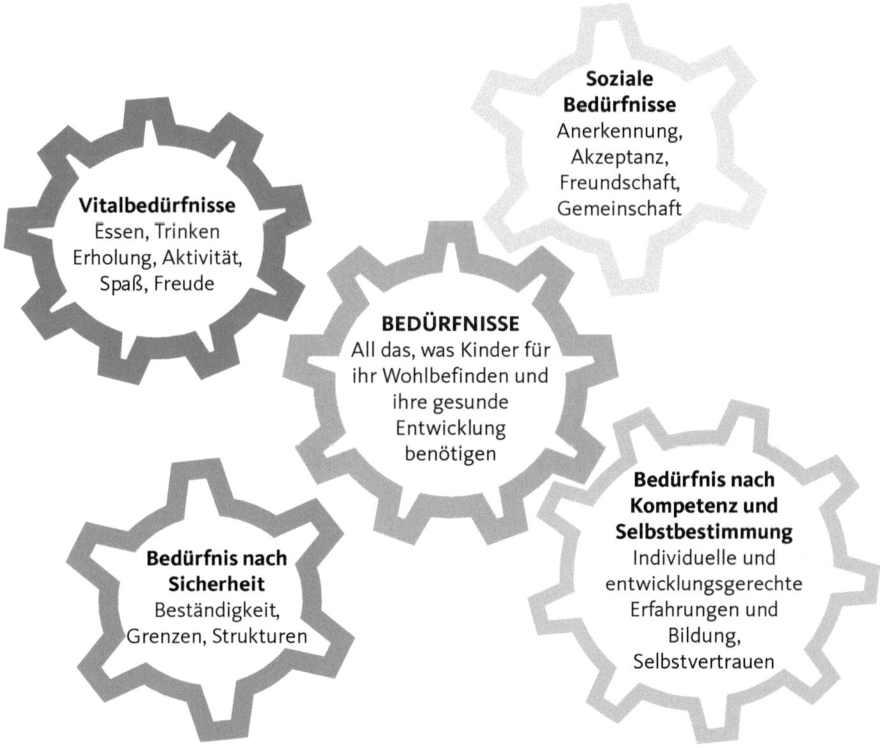

Abbildung 3: Die verschiedenen Grundbedürfnisse von Kindern sind eng miteinander verzahnt.

Zu den Grundbedürfnissen zählen Vitalbedürfnisse, soziale Bedürfnisse, das Bedürfnis, Kompetenzen ausbilden zu können, sowie das Bedürfnis nach Selbstbestimmung und das Bedürfnis nach Schutz und Sicherheit. Diese grundlegenden Bedürfnisse müssen in allen Bereichen des Aufwachsens berücksichtigt werden, also natürlich auch in der Lebenswelt »Schule«. Hier stehen alle relevanten Personen wie die Eltern und die professionellen Begleiter von Lern- und Bildungsprozessen an der Nahtstelle zwischen den Bedürfnissen der Kinder und den Realisierungsmöglichkeiten. Denn damit diese Grundbedürfnisse erfüllt werden können, benötigen Kinder Unterstützung durch Erwachsene. Gerade im Kontext Schule sollte gewährleistet sein, dass der Individualität und den damit verbundenen Bedürfnissen der Kinder Rechnung getragen wird. Jedes Kind ist einmalig! Ihre Grundbedürfnisse sind zwar prinzipiell die gleichen, doch unterscheiden sie sich in ihren Ausprägungen und erfordern daher auch unterschiedliche Antworten und Angebote. Es gilt sicherlich ganz besonders im Förderschulbereich, dass kein pauschaler Unterrichts- oder Lernansatz den individuellen Bedürfnissen der Kinder entsprechen kann.

Im schulischen Alltag sind im Hinblick auf die Befriedigung der Bedürfnisse von Kindern mit FASD folgende Besonderheiten und Herausforderungen zu beachten:

Vitalbedürfnisse

Kinder mit FASD bemerken oft ihre Vitalbedürfnisse nicht: Sie erkennen nicht, dass sie (regelmäßige) Erholung, Ruhe und Pausen oder aber Bewegung und Aktivität brauchen. Wenn ein FASD-Kind Aufgaben bearbeitet, überfordert es sich leicht, wird dann wütend und traurig, wenn es nicht durch Dritte oder durch eine aufgestellte Uhr hin und wieder an Pausenzeiten erinnert wird. Beim Sportunterricht würden sich viele FASD-Kinder bis zur völligen Erschöpfung verausgaben, wenn sie nicht gebremst würden.

> *»Unsere Tochter würde sich ständig selber überfordern. Sie kann selber nicht erkennen, wann sie genug gearbeitet hat.«*
> *(Aus einem Elterninterview)*

Auch spüren sie selten bewusst ihr Hunger- und Sättigungsgefühl. Viele Eltern berichten, sie müssten ihre Kinder regelrecht daran erinnern, ihre Mahlzeiten einzunehmen. Einige Familien haben sogar Erinnerungszettel in der Wohnung aufgehängt. FASD-Kinder müssen oftmals auch aktiv an Toilettengänge erinnert werden. So passieren bei betroffenen Grundschulkindern oft noch »Unfälle«, während andere Kinder diesen Entwicklungsschritt bereits im Kindergarten abgeschlossen haben. Auch ist das Kälte- und Wärmeempfinden von Kindern mit FASD häufig gestört. Während andere Kinder merken, dass es kalt ist, und von sich aus eine Jacke anziehen, damit sie nicht frieren, muss man FASD-Kinder vermehrt auf Umstände dieser Art hinweisen.

Besondere Aufmerksamkeit muss auch Bedürfnissen geschenkt werden, die Außenstehenden selbstverständlich erscheinen: Schwimmt und taucht ein FASD-Kind gerne, so ist es wichtig, auf das regelmäßige Atemholen zu achten, da es passieren kann, dass das Kind vergisst aufzutauchen. So erzählte eine von uns befragte Lehrerin, dass das von FASD betroffene Kind Einzelschwimmunterricht erhalte, da es in der Gruppe einfach zu gefährlich wurde, das Kind aber so viel Freude beim Schwimmen habe, dass es nicht darauf verzichten solle.

Soziale Bedürfnisse

Kinder mit FASD haben ganz normale soziale Bedürfnisse, etwa nach Freundschaft und einer Gemeinschaft, in der sie Akzeptanz und Anerkennung erfahren. Jedoch sind sie oftmals sozial und emotional verunsichert. Sie haben ein gestörtes Nähe-Distanz-Verständnis, können das Verhalten, die Gestik oder Mimik des Gegenübers nicht adäquat interpretieren und schätzen Beziehungen falsch ein. Möchte ein Mitschüler z. B. Ruhe und signalisiert das, indem er sich zurückzieht, kann es passieren, dass das FASD-Kind diese Situation nicht erkennt, dem Mitschüler hinterherrennt und ihn so bedrängt. Diese Situationen haben dann das Potenzial zur Eskalation, wobei dem FASD-Kind unklar ist, warum dies geschehen ist.

> Kindern mit FASD fällt es oft schwer, soziale Kontakte herzustellen und aufrecht zu halten. Dabei wollen sie ausgesprochen gerne dazugehören und gemocht werden.

Auch sind Kinder mit FASD leicht beeinflussbar und werden von ihren Mitschülern ausgenutzt, da sie nicht erkennen, ob ihr Gegenüber eine negative Absicht hegt. So kommt es, dass sie leicht zu regelwidrigen Handlungen angestiftet werden können. Sie haben Schwierigkeiten, ihr eigenes Verhalten zu reflektieren oder nachvollziehbar zu erklären.

Zudem lernen sie nur schwer aus Fehlern, da sie oftmals ein beeinträchtigtes Verständnis von Kausalzusammenhängen haben. So werden Konsequenzen häufig nicht in Zusammenhang mit dem Fehlverhalten gebracht und daher nur schwer verstanden. Auch wenn sie sich nach einem Konflikt vornehmen, solch eine Handlung zukünftig zu vermeiden, haben sie dieses Vorhaben oft kurze Zeit später vergessen.

Eine Mutter eines FASD-Kindes berichtete, dass ihr Sohn durch seine Mitschüler immer angestiftet werde, heimlich Materialien der Lehrerin zu entwenden. Zuhause sei das Kind dann wahnsinnig traurig und berichte, dass es doch nur seinen Freunden geholfen habe, damit diese auch weiterhin mit ihm spielen. Die strenge Reaktion der Lehrerin versteht das FASD-Kind nicht. Obwohl die Mutter ihrem Sohn jedes Mal erklärt, warum dieses Verhalten nicht in Ordnung ist, passiert es immer und immer wieder.

> *»Er versucht immer, mit allen klarzukommen, aber wir haben das Problem, dass man ihn oft ausnutzt. Er muss dann Schmiere stehen, irgendwelche Sachen werden angestellt, und hinterher wird es ihm in die Schuhe geschoben.«*
> *(Aus einem Elterninterview)*

FASD-Kinder sind häufig impulsiv, wechselhaft und unruhig in ihrem Verhalten. Nicht selten kommt es zu wütendem, aggressivem oder ängstlichem Verhalten. Saß ein FASD-Kind eben noch ruhig und ausgeglichen vor einer Aufgabe, so kann es passieren, dass es plötzlich schreit, auf den Tisch schlägt und sich weigert auf dem Stuhl sitzen zu bleiben.

Bedürfnis nach Kompetenzerfahrungen und Selbstbestimmung

Das Bedürfnis nach entwicklungsgerechten Lernerfahrungen und selbstbestimmtem Handeln im Unterricht erfährt durch die FASD folgende Herausforderungen: Kinder mit FASD sind oft entwicklungsverzögert und intelligenzgemindert. Sie können dies anfänglich meist gut überspielen und ihre Umgebung so eine Zeit lang blenden. Dies gelingt nicht zuletzt durch ihre oftmals gut entwickelten sprachlichen Fähigkeiten, was allerdings nicht bedeutet, dass sie auch die (Lern-)Inhalte entsprechend verstehen. Selbst wenn sich das Kind sprachlich gut ausdrücken kann, hat es oft Schwierigkeiten, Informationen akustisch aufzunehmen und zu verarbeiten. FASD-Kinder überhören daher häufig Informationen. Stellt ein FASD-Kind eine Frage, ist diese oft blumig und gut formuliert. Das Kind macht einen aufgeweckten Eindruck auf den Lehrer. Dieser beantwortet die Frage und geht davon aus, dass das Kind diese Erklärung verstanden hat und umsetzen kann. Später aber zeigt sich, dass das Kind weiterhin verzweifelt da sitzt, kein Wort auf das vor ihm liegende Blatt gebracht hat und frustriert ist. Wissen Lehrer zu diesem Zeitpunkt noch nicht von der Diagnose FASD, sind sie häufig ratlos.

Kinder mit FASD haben Beeinträchtigungen des Kurzzeitgedächtnisses, was dazu führt, dass sie Schwierigkeiten haben, sich Inhalte zu merken und diese zum passenden Zeitpunkt wiederzugeben. Lerninhalte werden zwar gelernt, sind aber später nicht immer abrufbar. Rituale müssen intensiv begleitet werden und werden nur durch wiederholte Aufforderungen mühsam erlernt. Wird die Tagesstruktur verändert, so wird auch das Erlernte schnell wieder vergessen. Sitzt z. B. ein FASD-Kind durch bestimmte Umstände auf einem anderen Platz, kann es passieren, dass es für das FASD-Kind nicht mehr selbstverständlich ist, dass zuerst die Materialien aus der Tasche geräumt werden, bevor mit der Aufgabe begonnen werden kann.

FASD-Kinder brauchen mehr Zeit für Arbeitsaufträge und haben Schwierigkeiten, sich zu konzentrieren. Sie sind leicht abgelenkt, fallen durch ihre Unruhe auf und wirken daher auf Lehrer schnell undiszipliniert.

Kognitive Störungen der FASD-Kinder zeigen sich im schulischen Alltag besonders durch Probleme beim logischen Denken oder dem Lösen von komplexen Aufgaben. Auch das Rechnen, die Lese- und Rechtschreibfähigkeit sowie das kombinatorische und verknüpfte Denken weisen häufig Defizite auf. Regeln, Sinn- sowie Kausalzusammenhänge werden oft nicht verstanden. Kinder mit FASD machen häufig die gleichen Fehler immer wieder. Eine Mutter berichtet, dass es ihrem Kind schwerfalle, die Zusammenhänge der Grammatik zu erlernen, z. B. die (vereinfachte) Regel: Wenn »obwohl« im Satz stehen soll, dann kommt vorher ein Komma, da es sich um einen Nebensatz handelt. Wenn-dann-Zusammenhänge gestalten sich besonders schwierig.

Im Gegensatz zur Grobmotorik sind feinmotorische Fähigkeiten häufig schwächer ausgeprägt. Das Lösen mathematischer Aufgaben mit Hilfe eines Zirkels und feinen Bleistiftzeichnungen erfordert beispielsweise meist viel Übung für ein Kind mit FASD.

Die Beeinträchtigungen führen dazu, dass betroffene Kinder ihr intellektuelles Potenzial in der Schule meist nicht vollständig ausschöpfen können. Weil sie den vorgegebenen Anforderungen nicht entsprechen und Erwartungen nicht erfüllen können, erleben sie eine permanente Überforderung auf allen Ebenen. Diese kann sich in Aggressionen, Ängsten oder auch in einer Verweigerungshaltung äußern.

> *»Mein Kind ist durch alles irritiert und abgelenkt und kann sich dann nicht mehr auf eine Aufgabe konzentrieren.«*
> *(Aus einem Elterninterview)*

Bedürfnis nach Sicherheit

Das Bedürfnis nach Schutz und Sicherheit ist besonders ausgeprägt. Kinder mit FASD bedürfen einer klaren Struktur, Beständigkeit und Grenzen.

> Kinder mit FASD sind besonders auf Struktur und Beständigkeit im Alltag angewiesen.

Ihre räumliche und zeitliche Wahrnehmung ist in vielen Fällen gestört. Zeiten, z. B. für die Bewältigung einer Aufgabe, können nicht eingeteilt werden. Damit geht oft einher, dass auch die Fähigkeiten zum Planen und Organisieren eingeschränkt sind. So kann es vorkommen, dass Kindern mit FASD z. B. Arbeitsmaterial fehlt, welches sie für das Lösen einer Aufgabe brauchen.

Wenn dann auch persönliche (Frei-)Räume der Mitschüler nicht richtig eingeschätzt werden, kommt es schnell zu Konfliktsituationen in der Klassengemeinschaft, etwa wenn sich ein FASD-Kind immer wieder an den Materialien seiner Mitschüler bedient.

Auch Gefahrensituationen können oft nicht richtig eingeschätzt werden. Die Mutter eines FASD-Kindes berichtet, dass ein offenes Fenster im Klassenraum für ihr Kind eine Gefahr darstelle. Ihr Kind klettere auf die Fensterbank und könne nicht abschätzen, wie gefährlich dies im dritten Stock bei offenem Fenster ist. Dies verstärkt bei den Kindern wiederum das Bedürfnis nach klaren Regeln und Grenzen. Allerdings kommt da zum Tragen, dass Regeln und Abläufe schwer verinnerlicht werden können. Die Regel, dass im Klassenraum nicht herumgeklettert werden soll, schon gar nicht bei offenem Fenster, kann sich das FASD-Kind kaum merken. Ohne regelmäßige klare Anweisungen finden FASD-Kinder kaum aus bestimmten Situationen heraus. Auch sind für sie Übergänge und das Anpassen an neue oder nicht vorhersehbare Situationen schwierig.

Ihre Umgebung, in der sie handeln und lernen, nehmen sie besonders sensibel wahr. So kann es z. B. sein, dass sie überempfindlich auf Lichtveränderungen oder plötzliche Lautstärke reagieren und schnell ablenkt sind, wenn sich die gewohnte Umgebung und Struktur ändern. Wird etwa plötzlich die Vorgehensweise beim Lösen einer Aufgabe geändert, soll sich das Kind – anders als gewohnt – erst mit einer Gruppe von Mitschülern besprechen und dann das Ergebnis ins Heft eintragen, kann es geschehen, dass ein Kind mit FASD stark emotional reagiert.

Eigene Freiräume überfordern die Kinder schnell. Es kann also kontraproduktiv sein, ein Kind mit FASD die Reihenfolge der zu lösenden Aufgaben selbst entscheiden zu lassen, auch wenn der Lehrer dem Kind damit helfen möchte. Das FASD-Kind verzweifelt dann schnell und fühlt sich nicht im Stande, auch nur eine Aufgabe zu lösen, es wird unruhig oder sogar aggressiv, weil es sich nicht anders zu helfen weiß.

> *»Kinder mit FASD haben große Schwierigkeiten, mit der Arbeit zu beginnen, also überhaupt einen Anfangspunkt zu finden. Dann wiederum ist es für einige der Kinder schwierig aufzuhören, bevor sie die Aufgabe beendet haben.«*
> *(Aus einem Lehrerinterview)*

2.3 Kinder mit Lernbeeinträchtigungen

Bevor im nächsten Abschnitt Empfehlungen für den schulischen Alltag gegeben werden, erscheint uns an dieser Stelle folgender Hinweis wichtig: Kinder mit FASD weisen häufig Schwierigkeiten im Bereich des schulischen Lernens auf – sie haben also »Lernschwierigkeiten« oder sind »beeinträchtigt«. Die Beeinträchtigungen führen im schulischen Kontext nicht selten zu einer defizitorientierten Sicht auf die Kinder, welcher für alle Beteiligten kontraproduktiv ist.

Eine Lernbehinderung an sich ist keine Persönlichkeitseigenschaft, sondern kann nur relativ in Bezug zu den Anforderungen und den Leistungserwartungen der Schule und der Lehrer, also der Umwelt des Kindes, interpretiert werden. Wichtig ist, sich klarzumachen, dass in der Welt der FASD-Kinder eigene Lernformen, Verhaltensregeln, Deutungsmuster und Situationsdefinitionen bestehen. Es mag sein, dass diese – je nach Ausprägung der FASD – wenig mit den Normen und Spielregeln der Schule gemein haben. Die Struktur im Schulalltag und die Lerninhalte sollten daher, so gut es geht, an die jeweiligen Bedürfnisse der FASD-Kinder angepasst werden.

Zugespitzt werden Lernschwierigkeiten in der Literatur sogar als etwas Alltägliches beschrieben, die dann auftreten, wenn die individuellen Voraussetzungen nicht mit den schulischen Anforderungen zusammenpassen (Eberwein, 1996). Es gilt, Lernmethoden und -inhalte anzupassen, sodass Kinder mit FASD genau dort abgeholt werden, wo sie stehen. So lassen sich – sowohl für die Lehrer als auch für die Schüler mit FASD – die besten kognitiven und sozialen Lernerfolge erzielen.

3. Empfehlungen für den schulischen Alltag

3.1 Schlüsselfaktoren

Auffälliges Verhalten eines Kindes mit FASD ist meist die Antwort auf eine Situation oder Umgebung, die nicht auf die Bedürfnisse des Kindes ausgerichtet ist. Vorgefertigte Strukturen und Lernabläufe müssen angepasst werden, denn nur so kann sich das individuelle Potenzial des Kindes entfalten und das Kind bestmöglich gefördert werden. Für die Schule und die dort tätigen Pädagogen ist es entscheidend, die individuellen Bedürfnisse betroffener Kinder angemessen zu befriedigen und damit Überforderungen und Schwierigkeiten zu minimieren. Um angesichts der Komplexität dieser Herausforderung praktikable Lösungen zu finden, werden im folgenden Abschnitt eine Reihe von wichtigen Schlüsselfaktoren erläutert, die dabei helfen, FASD-Kinder erfolgreich zu unterrichten.

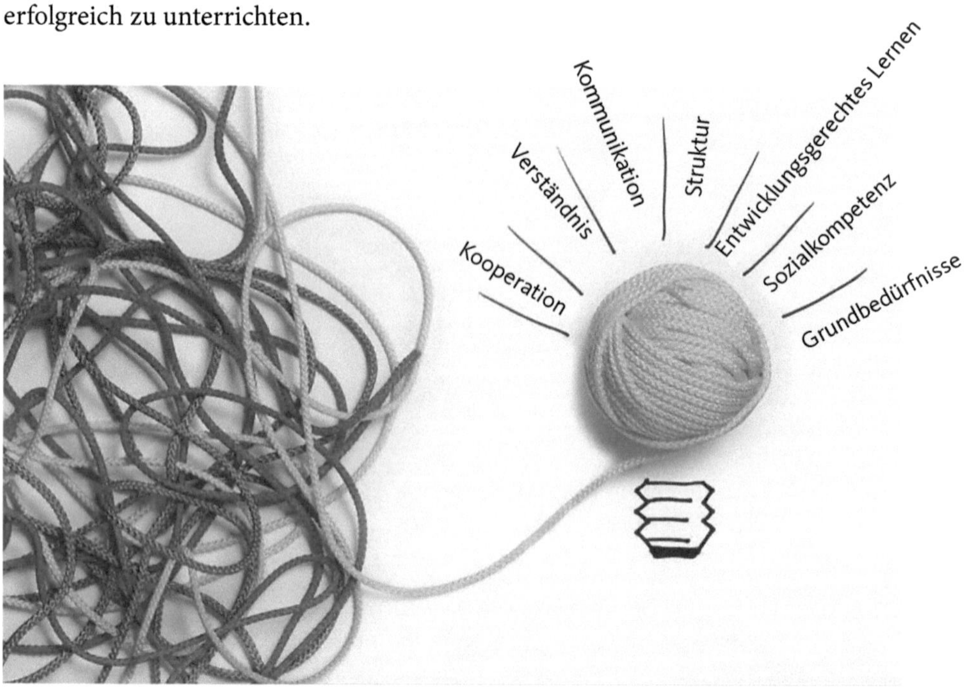

Abbildung 4: Schlüsselfaktoren helfen dabei, komplexe Herausforderungen zu strukturieren. (Foto ©xefstock, iStock; Begriffe eigene Ergänzung)

Im Folgenden werden zu den Schlüsselbegriffen Methoden und Handlungsmöglichkeiten erläutert, wie Lehrpersonen Kinder mit FASD im schulischen Alltag bestmöglich unterstützen können. Die Materialien, die in diesem Buch abgebildet sind finden Sie auch zum Download auf der Produktseite zu diesem Buch unter www.beltz.de (eine Auflistung ist auch im Inhaltsverzeichnis zu finden).

3.2 Kooperation

Um förderliche Lernbeziehungen zu realisieren, sollten sowohl die Schule als Institution, die Lehrkräfte als auch die Mitschüler das Krankheitsbild der FASD hinreichend kennen. Nur so kann Verständnis für die individuelle Situation des betroffenen Kindes geschaffen und sein Verhalten richtig gedeutet werden. Und nur so können Umgebungen sowie Anforderungen angepasst werden.

Allgemeines Wissen über das Krankheitsbild reicht jedoch nicht aus. Um die betroffenen Kinder individuell fördern zu können, muss der Einzelfall betrachtet werden. So können beispielsweise die physischen Auffälligkeiten, die mit FASD einhergehen, individuell variieren. Auch liegt der IQ häufig im Durchschnitt. Um also in Bezug auf das jeweilige Kind ausreichend Wissen zu den individuellen Erfordernissen zu erlangen, ist Kooperation ein erster unabdingbarer Schlüsselfakter: die Kooperation mit den Eltern, mit weiteren relevanten Personen (Sozialpädagogen, Großeltern, Geschwistern etc.) und Einrichtungen (z. B. Therapieeinrichtungen wie Logopädie oder Ergotherapie), die mit dem Kind in Verbindung stehen. Im Idealfall sollte die institutionelle Verankerung einer kooperativen Arbeitskultur in der Schule angestrebt werden.

3.2.1 Einbezug der Eltern

Eltern liefern Lehrern im Hinblick auf ihr FASD-Kind wertvolle Informationen. Keiner kennt das Kind besser. Sie sollten deshalb kontinuierlich als aktive Ansprech- und Kooperationspartner einbezogen werden, denn nur in Zusammenarbeit mit der Familie des betroffenen Kindes können langfristige Veränderungen initiiert werden.

> Ein enger Austausch zwischen Lehrern und (Pflege-)Eltern ist sehr hilfreich für die FASD-sensible Gestaltung des schulischen Alltags.

So kann jedes Elternpaar zu Beginn der Zusammenarbeit ein Informationsblatt mit den wesentlichen Charakter- und Wesenszügen ihres Kindes den Lehrkräften zur Verfügung stellen. Ein Beispiel eines Informationsblattes findet sich in Abbildung 5. Auch können Eltern darüber informieren, wie sie in besonderen Situationen mit dem Kind umgehen. Unter Einbezug dieses Wissens können Lehrer zusätzlich zu ihren eigenen Erfahrungen bestimmte Unterrichtsmethoden entwickeln bzw. anwenden.

So weiß die Mutter von Patrick bereits durch Situationen im häuslichen Umfeld, dass sie ihm nie mehr als eine Aufgabe zur gleichen Zeit stellen darf. Soll er den Tisch abräumen und dann den Müll herausbringen, so muss sie zunächst abwarten, bis er den Tisch abgeräumt hat. Dann erst kann sie ihm auftragen, den Müll rauszubringen. Würde sie beide Aufgaben in einem Satz nennen, wäre Patrick überfordert und würde darauf eventuell mit Verweigerung reagieren. Für den Lehrer ist dies eine wichtige Information. So weiß er, dass er Patrick im Unterricht die Aufgaben schrittweise stellen muss. Eine neue Aufgabe wird erst formuliert, wenn die vorherige bereits ausgeführt ist. Patrick hat auch Probleme, sein Trinkverhalten zu koordinieren. Nur wenn die Lehrkraft dies weiß, kann sie Patrick regelmäßig am Ende der Unterrichtsstunde an das Trinken erinnern.

Auch das Kind selbst sollte einbezogen werden, um ihm selbstbestimmtes Handeln zu ermöglichen und zu fördern. Eltern und Lehrer können ihre verschriftlichen Erfahrungen mit dem betroffenen Kind besprechen. So kann es noch eigene Ideen und Wünsche einbringen.

Informationsblatt Eltern	
Datum:	Welche Strategien sind hier hilfreich? (Sie als Eltern kennen Ihr Kind am besten. Welche hilfreichen Maßnahmen können Sie an dieser Stelle nennen?):
Name:	
Alter:	
Ihre/Seine Stärken/Talente:	
Ihre/seine besonderen Herausforderungen/ Probleme:	Zusätzliche Informationen (Gesundheitszustand etc.):
Anmerkungen des Kindes:	
Zögern Sie bitte nicht mit uns Kontakt aufzunehmen!	
Name Eltern:	
Adresse:	
E-Mail-Adresse:	
Telefon:	Handy:

Abbildung 5: Eltern-Informationsblatt – (Pflege-)Eltern können der Schule wichtige Informationen zu ihrem Kind bereitstellen.

Ein intensiver Austausch ermöglicht das gegenseitige Verständnis für beide Seiten, Elternhaus und Schule. Wenn beide Parteien miteinander abgestimmt und aufeinander ausgerichtet im Sinne des Kindes arbeiten, gibt dies dem Kind Sicherheit, Struktur und Beständigkeit. Alle Beteiligten profitieren davon.

Die häusliche und die schulische Umgebung sollten ähnliche Strukturen aufweisen, z. B. in Form ähnlicher Lernbedingungen. Dies kann beispielsweise die ähnliche Einrichtung des Schreib- und des Schultisches sein: Boxen zum Ordnen und Organisieren von Material, ein sichtbarer Unterrichtsplan o. ä. Kinder sollten von ihren Eltern sowie den Lehrern ermutigt werden, ihre Materialien immer an den gleichen, dafür vorgesehenen Platz zu legen.

Eltern, Lehrer und Kinder sollten regelmäßig, z. B. zu Beginn eines Schuljahres, Ziele und Anforderungen an das Kind gemeinsam festlegen. Diese sollten dann möglichst konsequent verfolgt, stetig überprüft und ggf. angepasst werden.

Ziele müssen immer wieder dem jeweiligen Stand entsprechend neu evaluiert und formuliert werden. Im Hinblick auf die Herausforderungen in der Grundschulzeit könnten beispielsweise folgende Ziele formuliert werden:

- Der Schüler bleibt für die Bearbeitung einer Aufgabe auf seinem Platz sitzen und steht erst dann auf, wenn diese erledigt ist.
- Der Schüler hat seine Materialien für jede Stunde sortiert und bereit.

Auch Strategien und Hilfestellungen zur Erreichung der Ziele müssen festgehalten werden, z. B. in einem Plan (vgl. Abb. 6):

- Der Lehrer stellt dem Schüler immer nur eine Aufgabe. Ist diese Aufgabe bearbeitet darf der Schüler aufstehen, ggf. – je nach Länge der Aufgabe – sogar im Flur bis zu den Toiletten laufen, um dann wieder zurück in die Klasse zu kommen. So verdient sich der Schüler durch das Bearbeiten der Aufgaben kleine Pausen. Der Weg zu den Toiletten ist für das Kind mit roten Streifen auf dem Boden neben der Wand markiert (s. 3.5.1).
- Der Schüler hat für die Materialien jedes Unterrichtsfaches eine andersfarbige Box. Jede Box ist mit Bildern der jeweiligen Materialien versehen, die sich in ihr befinden sollen. Am Ende Unterrichtsstunde wird alles wieder in die passende Box geräumt (s. 3.5.2).

Zielvereinbarung
Schüler:
Unterrichtsfach:
Datum Erstgespräch:
Herausforderungen/Probleme:
Ziel:
Vorgehen/Plan: (Welche Eigenschaften werden gefördert? Welche Unterstützung erfährt das Kind? Welches Material wird verwendet? Wie wird der Unterricht gestaltet, damit das Kind bestmöglich angesprochen wird? Wichtig: Motivierend für das Kind und realistisch für Eltern/Lehrer)
Plan wird verfolgt bis zum:
Datum Zwischengespräch *(Halbzeit zwischen Erst- und Abschlussgespräch)*:
Ggf. Anpassung des Plans:
Datum Abschlussgespräch:
Aktueller Stand *(Zielerreichung?)*:

Abbildung 6: Zielvereinbarung – Gemeinsam aktuelle Anforderungen und Ziele schriftlich zu fixieren, hilft Elternhaus und Schule dabei, an einem Strang zu ziehen.

Nicht zuletzt sind auch Eltern auf die Aufmerksamkeit der Lehrer angewiesen. Hat das FASD-Kind Probleme in der Gruppe? Hat es bisher unbekannte gesundheitliche Probleme wie z. B. eine Sehschwäche? Haben sich Strategien in der Schule bewährt? Die Beobachtungen müssen mit den Eltern geteilt und besprochen werden.

Eltern können von den bewährten Hilfestellungen der Schule profitieren und diese durch entsprechendes Verhalten im häuslichen Umfeld weiter festigen: So ist es z. B. wichtig, dass die Eltern die Organisationsfähigkeit weiter unterstützen. Die Schultasche sollte – wie im Unterricht – auch zu Hause immer am gleichen Platz liegen. Der Arbeitsplatz zu Hause sollte – ähnlich wie im Klassenraum – reizarm gestaltet werden. Stifteboxen können auch hier auf dem Schreibtisch fixiert werden. Genau wie es im schulischen Alltag Checklisten/Handlungspläne gibt (s. 3.7), kann auch zu Hause im gleichen Stil eine Checkliste auf dem Schreibtisch liegen.

Die Kooperation zwischen Lehrern und Eltern kann auf unterschiedliche Art und Weise realisiert werden: im Rahmen von regelmäßig stattfindenden formellen Terminen, wie Elternsprechtagen und Elternabenden, oder in informeller Form durch ein sogenanntes Mitteilungsheft oder Begleitheft, in dem sich Lehrer und Eltern wechselseitig austauschen und informieren. So können z. B. neben dem Informationsaustausch zum Kind die Eltern frühzeitig informiert werden, wenn eine Änderung des Tagesablaufs in der Schule bevorsteht. Eltern haben so die Möglichkeit, das Kind bereits zu Hause darauf vorzubereiten. Es kann auch vereinbart werden, dass die täglichen Hausaufgaben durch den Schüler in das Mitteilungsheft eingetragen werden. So wissen die Eltern, was das Kind zu erledigen hat, und können es unterstützen. Ein ergänzender Kontakt, bei Bedarf über E-Mail oder Telefon, sollte immer möglich sein. Informelle, aber dennoch wichtige Gespräche sollten auch jederzeit, z. B. im Rahmen kurzer Zusammentreffen »zwischen Tür und Angel«, möglich sein.

3.2.2 Einbezug der Schulgemeinschaft

Auch andere Personengruppen der Schulgemeinschaft sollten in die Zusammenarbeit eingebunden oder zumindest informiert werden. So hilft es den Kindern, wenn möglichst alle es unterrichtenden Lehrer zum Krankheitsbild der FASD grundlegend aufgeklärt sind. Lehrer können sich gegenseitig informieren und Tipps im Umgang mit FASD-Kindern austauschen. Wechselt ein Schüler z. B. die Klasse, kann der bisherige Lehrer der zukünftigen Lehrkraft Informationen z. B. in Form von Aufzeichnungen mit auf den Weg geben. So sollte die neue Lehrkraft darüber informiert werden, über welche Fähigkeiten das Kind verfügt, in welchen Situationen es zu Schwierigkeiten kommen kann und welche Strategien und Methoden dem Kind geholfen haben (vgl. Abb. 7). Hilfestrategien und Ordnungssysteme sollten von den Lehrern konsistent verfolgt werden, damit das Kind nicht verunsichert wird und sich Routinen weiter festigen.

Informationsblatt Lehrkräfte	
Datum:	Welche Strategien wurden als hilfreich empfunden?
Name:	
Alter:	
Ihre/seine Stärken/Talente:	
Ihre/seine besonderen Herausforderungen/ Probleme:	
Anmerkungen:	
Zur Kontaktaufnahme stehe ich bereit!	
Name:	
E-Mail-Adresse:	
Telefon:	Handy:

Abbildung 7: Informationsblatt Lehrkräfte – Lehrer können sich gegenseitig standardmäßig über die Kinder informieren.

Das weitere Schulumfeld, etwa die Eltern von Klassenkameraden und die Mitschüler selbst, können z. B. im Rahmen von Informationsveranstaltungen zu FASD, welche durch Eltern oder externe Referenten gehalten werden, oder durch Ausstellungen (s. 6.4) und Dokumentarfilme aufgeklärt werden (s. 6.2). Sobald das weitere Schulumfeld – also nicht nur die Lehrer – über FASD informiert werden, muss das mit dem Kind und seiner Familie besprochen werden, um eine Stigmatisierung des betroffenen Kindes zu vermeiden. In diesem Zusammenhang kann es auch hilfreich sein, andere Krankheiten zu thematisieren, die an der Schule vorkommen. Kindern kann damit ein Bewusstsein vermittelt werden, dass jeder Mensch anders ist.

Die Kontaktaufnahme von Lehrern mit professionellen Einrichtungen, wie z. B. FASD-Diagnose-Zentren, dient ebenfalls einer gezielten Förderung für das Kind.

Kurzgefasst

- Lehrer erhalten durch die Eltern viele Informationen über das Kind (ggf. über einen von den Eltern ausgefüllten Erfahrungsbericht zu Beginn des Schuljahres bzw. bei der Einschulung).
- Eltern erhalten durch die Lehrer einen wichtigen Einblick in das Verhalten ihres Kindes in einem anderen Umfeld und dort auftretende Stärken und Schwächen.
- Es hilft dem Kind, wenn sich Eltern und Lehrer (unter Einbezug des Kindes) abstimmen hinsichtlich Zielen, Abläufen und Anforderungen (ggf. schriftlich fixiert).
- Kontakte zwischen Lehrern und Eltern können an Elternabenden, durch Telefonate, E-Mails oder durch Mitteilungshefte erfolgen.
- Lehrer sollten sich gegenseitig über die Bedürfnisse ihrer Schüler und bewährte Unterrichtsmethoden informieren (ggf. über einen ausgefüllten Erfahrungsbericht)

3.3 Verhalten richtig deuten

Ist Wissen zu FASD vorhanden, kann das Verhalten der betroffenen Kinder besser verstanden und gedeutet werden. Das wiederum ist die Grundlage für etwaige Anpassungen der Umgebung sowie für einen sichereren Umgang mit den Kindern.

Wenn pädagogische Fachkräfte eine FASD nicht richtig einschätzen können, fühlen sich betroffene Kinder missverstanden.

Es ist wichtig, sich bewusst zu machen, dass die Behinderung FASD unsichtbar, aber dennoch vorhanden sein kann. Somit müssen die Einschätzungen weg von »das Kind *will* nicht« in Richtung »das Kind *kann* nicht« gehen. Das Verhalten der FASD-Kinder mitsamt ihren Auffälligkeiten darf durch die Lehrkraft nicht als Faulheit oder als Erziehungsfehler der Eltern missinterpretiert werden. Die folgende Tabelle 1 zeigt Beispiele, wie Situationen unter Einbezug des Wissens über die Einschränkungen durch FASD gedeutet werden können und wie Hilfestellungen aussehen können.

Tabelle 1: Beispiele für das Deuten von Verhalten von FASD-Kindern

Reaktion des FASD-Kindes	Wie das Kind die Situation erlebt	Mögliche Fehldeutung	Richtige Deutung	Empfohlene Reaktion
Das Kind wird unruhig während einer Aufgabenbearbeitung und folgt den Anweisungen nicht.	»Ich verstehe nicht, was ich tun soll.«	Das Kind hört nicht zu, ist dickköpfig und sucht nach Aufmerksamkeit.	Das Kind hat Schwierigkeiten, verbale Anweisungen umzusetzen. Es versteht die Anweisungen nicht.	Die Aufgabenstellung sollte erneut und anders formuliert werden; dies kann auch visuell geschehen (siehe »Entwicklungsgerechtes Lernen«).
Das Kind schlägt einen Mitschüler	»Der hat mich erschreckt/gestoßen, ich fühle mich beengt«.	Das Kind ist aggressiv, unerzogen und sucht nach Konflikten.	Das Kind hat eine gestörte Raumwahrnehmung, ist sensorisch überladen und erschreckt sich schnell.	Hier ist darauf zu achten, dass das Kind ausreichend Raum um sich hat (siehe »Struktur und Beständigkeit – Im Klassenraum«).
Das Kind kann Arbeitsanweisungen wiedergeben, sie aber nicht ausführen.	»Ich weiß, was du gesagt hast, ich kenne aber die einzelnen Handlungsschritte nicht, um die Aufgabe auszuführen.«	Das Kind ist dickköpfig, faul und sucht nach Aufmerksamkeit.	Um das Verhalten des Kindes nicht als Trotz zu interpretieren, ist es wichtig zu wissen, dass für das Gehirn das Wiederholen von Gesagtem und die Ausführung von Gesagtem verschiedene Aufgaben sind.	Die Aufgabe und die verschiedenen Handlungsschritte sollten gemeinsam ggf. auch visuell durchgegangen werden (siehe »Entwicklungsgerechtes Lernen«).
Das Kind kann eine Reihenfolge/Abfolge nicht einhalten.	»Ich habe den Weg verloren und weiß nicht mehr, wo ich starten soll.«	Das Kind hat nicht richtig zugehört, ist unaufmerksam und faul. Es sucht nach Aufmerksamkeit.	Das Kind hat chronische Gedächtnisschwierigkeiten. Es kann verbale Anweisungen nicht in Handlungen umsetzen.	Hier sollte jeder Schritt sehr kurz sein und nacheinander erneut gemeinsam durchgegangen werden, ggf. auch visuell (siehe »Entwicklungsgerechtes Lernen«).

Reaktion des FASD-Kindes	Wie das Kind die Situation erlebt	Mögliche Fehldeutung	Richtige Deutung	Empfohlene Reaktion
Das Kind ist traurig, verzweifelt oder auch wütend, wenn sich der Ablauf plötzlich ändert.	»Mein Verständnis darüber, wann und wie Dinge passieren, hat sich verändert. Es wird dauern, mich daran zu gewöhnen.«	Das Kind ist schlecht erzogen, langsam und dickköpfig. Es sucht nach Aufmerksamkeit.	Das Kind hat räumliche und zeitliche Wahrnehmungsstörungen. Ist im Alltag schnell überfordert. Der routinierte Tagesablauf bietet dem Kind eine äußere Struktur, welche es selber nicht aufbauen kann.	Hier kann es hilfreich sein, z. B. bei Stundenplanänderungen, bereits mit zeitlichem Vorlauf darüber zu berichten und die neuen Abläufe/Personen/Räume zu beschreiben/zeigen, idealerweise in Absprache mit den Eltern (siehe »Strukturen und Beständigkeit – Im Ablauf«).
Das Kind macht immer wieder die gleichen Fehler.	«Ich kann mich nicht erinnern.»	Das Kind ist manipulativ und verhält sich absichtlich falsch. Es ist faul und hört nicht zu.	Das Kind hat ein schlechtes Gedächtnis. Es erkennt Ähnlichkeiten nicht. Es kann Ursache und Wirkung nicht verknüpfen.	Inhalte müssen erneut und ggf. in anderer Form (z.B. visuell) erklärt werden. (siehe »Entwicklungsgerechtes Lernen«).
Das Kind steht während des Unterrichts immer wieder auf.	»Ich weiß gerade nicht wohin mit mir.«	Das Kind stört und sucht nach Aufmerksamkeit.	Neurologisch bedingt hat es ein schnell wechselndes Bedürfnis zwischen Ruhe und Bewegung. Das Kind fühlt sich überfordert.	Dem Kind sollte die Möglichkeit geboten werden sich zwischendurch zu bewegen oder aber in eine Ruheecke zurückzuziehen. (siehe »Grundbedürfnisse erkennen«).
Das Kind macht seine Hausaufgaben nicht.	»Ich weiß gar nicht, wie ich die Aufgabe lösen soll.«	Das Kind ist faul, wird von den Eltern nicht unterstützt und übernimmt keine Verantwortung.	Das Kind erkennt keine Ähnlichkeiten. Es kann das Gelernte nicht auf eine Hausaufgabe übertragen. Es hat Gedächtnisdefizite.	Eine genaue Handlungsabfolge in kleinen Schritten bei der Bearbeitung von Aufgaben gibt Orientierung. Diese muss klar und strukturiert schriftlich fixiert sein. Die Eltern sollen in Kenntnis gesetzt sein und unterstützen (siehe »Entwicklungsgerechtes Lernen« und »Kooperation«).

Reaktion des FASD-Kindes	Wie das Kind die Situation erlebt	Mögliche Fehldeutung	Richtige Deutung	Empfohlene Reaktion
Das Kind klaut Mitschülern oder Lehrern ihr Eigentum.	»Die anderen Kinder haben mich gefragt. Ich wollte den anderen Kindern einen Gefallen tun. Das lag da nur auf dem Tisch – also habe ich es genommen«	Das Kind ist unerzogen und provoziert. Es ist absichtlich unehrlich.	Das Kind ist leicht beeinflussbar und will dazugehören. Es versteht sein Fehlverhalten nicht. Es versteht nicht, wem etwas gehört.	Dem Kind sollte kurz und klar erklärt werden, dass der jeweilige Gegenstand nicht ihm gehört. Gemeinsam mit dem Kind wird der Gegenstand zurückgebracht. Vorheriges Fragen mit dem Kind üben – dies dient auch als Orientierung für das Kind, wem etwas gehört (siehe »Sozialkompetenz«)
Das Kind lügt andere Kinder oder den Lehrer an.	»Ich bin mir sicher, dass es so war.«	Das Kind ist frech und unehrlich.	Das Kind kann Fantasie und Realität nicht trennen. Zudem hat es ein gestörtes Kurzzeitgedächtnis und füllt die Lücken mit Fantasie. Es glaubt selbst, was es erzählt.	Nicht bestrafen, sondern kurz und klar nachfragen, ob etwas wahr oder gelogen ist. So kommt der Schüler ins Nachdenken und kann überdenken (siehe »Sozialkompetenz«).
Das Kind kommt immer wieder zu spät.	»Ich wusste gar nicht, dass es schon so weit war.« »Ich habe den Weg nicht gefunden.«	Das Kind ist faul, langsam und schlecht erzogen.	Das Kind hat räumliche und zeitliche Wahrnehmungsstörungen. Es kann sich alleine nicht organisieren und ist orientierungslos.	Routinen erleichtern das Einschätzen von Zeit und Wegen. Markierungen helfen, Wege zu finden. Zeit muss sichtbar und erlebbar sein (z.B. Sanduhr oder bestimmter Ton). (siehe »Strukturen und Beständigkeit«).

Kurzgefasst

- Kinder mit FASD *können* in bestimmten Situationen nicht anders handeln. Der Gedanke »Das Kind *will* nicht!« ist daher meist nicht angemessen.
- Das Verhalten des Kindes mit FASD kann von der Lehrkraft besser gedeutet werden, wenn Wissen über FASD besteht.

3.4 Kommunikation

Es gibt einige wichtige Aspekte im Hinblick auf die Kommunikation mit FASD-Kindern, die leicht umzusetzen sind und die den Umgang erleichtern:

- *Aufmerksamkeit herstellen:* Bevor Anweisungen gegeben werden, sollte die Aufmerksamkeit des Kindes auf die entsprechende Person gelenkt werden (Augenkontakt herstellen, am Arm berühren, mit Namen ansprechen).
- *Blickkontakt halten:* Auch während einer Anweisung den Blickkontakt zum Kind zu halten oder sich an den Tisch des Kindes zu stellen und seinen Namen zu nennen, schafft persönlichen Kontakt und Verbindlichkeit.
- *Reizarme Umgebung schaffen:* Vor reizarmen Hintergründen zu stehen, z. B. vor einer weißen Wand oder einer leeren Tafel, kann ebenfalls zu einer höheren Aufmerksamkeit des Kindes beitragen. Bereits Bilder an der Wand oder eine vollständig beschriebene Tafel können das Kind ablenken, sodass es nicht mehr den Worten des Lehrers folgen kann.
- *Hintergrundgeräusche vermeiden:* Auch Hintergrundgeräusche lenken das Kind ab und sollten daher vermieden werden, wenn Anweisungen gegeben werden.
- *Sprechtempo beachten:* Das Tempo beim Sprechen soll nicht zu schnell sein.
- *Intonationen gezielt verwenden:* Intonationen (z. B. Lautstärke, Betonungen) tragen zur Verdeutlichung und Verinnerlichung des Gesagten bei. So kann der Lehrer dem Kind vermitteln, dass laut gesprochene Informationen besonders wichtig sind.
- *Gleichlautende Formulierungen verwenden:* Alle Bezugspersonen des Kindes sollten versuchen, die gleichen Formulierungen bei Anweisungen und Arbeitsaufträgen zu verwenden: »Bitte höre mir zu!« Oder bei kritischem Verhalten, um die Aufmerksamkeit wieder zubekommen: »Patrick, stopp! Denk nach.« Das Kind reagiert dann schneller, da es die Formulierungen bereits kennt.
- *Nonverbale Signale nutzen:* Nonverbale Signale (s. Abb. 8) sind in einigen Situationen sinnvoller als mündliche Aufforderungen, da visuelle Informationen für FASD-Kinder häufig eingängiger sind. Wenn z. B. die Aufmerksamkeit der Klasse nach einer Gruppenaufgabe wieder auf die Lehrkraft gerichtet werden soll, kann als Signal das Heben eines Arms vereinbart werden: Der Lehrer hebt nach Ablauf der vereinbarten Zeit den Arm, und die Schüler reagieren darauf ebenfalls mit dem Heben ihres Arms. Arbeitsanweisungen sollten als visuelle Stütze und zur Erinnerung den Kindern auch schriftlich ausgeteilt werden. Auch Ermahnungen können visuell gestützt werden, z. B. durch das Heben einer roten Fahne und begleitet von kurzen, klaren Worten wie z. B. »Stopp!«.
- *Prägnante Arbeitsanweisungen formulieren:* Arbeitsanweisungen sollten klar, kurz und in überschaubaren Schritten formuliert sein, z. B. »1. Lege ein Papier auf den Tisch«, 2. Schreibe deinen Namen auf das Papier, 3. Öffne das Buch auf Seite 200, 4. Löse Aufgabe 1 auf S. 200«. Ein Handlungsplan mit den allgemeinen Schritten kann auf dem Tisch bereit liegen (s. 3.7).

- *Anweisungen umformulieren:* Die Formulierungen sollten verdeutlichen, was zu tun ist, anstatt was nicht zu tun ist. Sie sollten konkrete Situationen benennen und keinen Raum für Interpretationsfreiheit lassen.
- *Anweisungen wiederholen:* Anweisungen und Arbeitsaufträge sollten häufig wiederholt werden, wenn sie noch nicht erledigt sind.
- *Konsequenzen nicht variieren:* Bei einem Regelverstoß durch ein FASD-Kind sollte berücksichtigt werden, dass Ermahnungen, Tadel oder Belehrungen i. d. R. nicht bzw. kaum das zukünftige Verhalten der Kinder ändern. Kurze, direkt auf das unerwünschte Verhalten folgende und immer gleiche Konsequenzen wirken am besten, einmalige Belehrungen hingegen kaum. Es ist darauf zu achten, dass mögliche Konsequenzen das Kind in der Gruppe nicht öffentlich bloßstellen, auch da FASD-Kinder ohnehin bereits Schwierigkeiten in der Akzeptanz ihrer Mitschüler haben. Weitere Informationen zu Reaktionen auf positives oder negatives Verhalten finden sich in Kapitel 3.6.

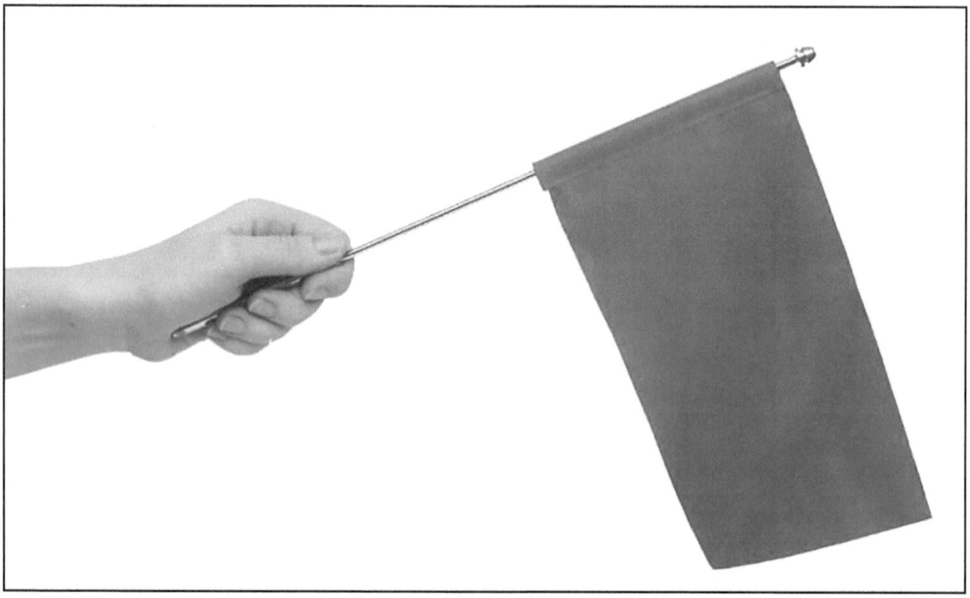

Abbildung 8: Zusätzliche Visualisierungen unterstützen das Verständnis der FASD-Kinder. (© inxti/iStock)

Einige konkrete Kommunikationsbeispiele finden sich in der folgenden Tabelle 2:

Tabelle 2: Kommunikationsbeispiele

Tipp	Vage Formulierung	Hilfreiche Formulierung
Möglichst konkrete Fragen stellen	Hast du Max gesehen?	Wo ist Max?
Wenig Druck aufbauen	Du musst noch die Aufgabe machen!	Schau dir die Aufgabe an!
Entscheidungsfreiraum begrenzen	Womit möchtest du heute beginnen?	Möchtest du mit den Textaufgaben oder mit den einzelnen Rechnungen beginnen?
Konkrete Situationen benennen	Toll gemacht!	Du hast die Rechenaufgabe schnell gelöst!
Benennen, was zu tun ist	Fang nicht direkt an zu rechnen, ohne die Aufgabe gut durchgelesen zu haben!	Lies dir zuerst die Aufgabe durch. Dann fängst du an zu rechnen!
Klare Sätze/Ansprache	Ich fände ich es schön, wenn du mir einmal zuhörst! Bitte konzentrieren, die Unruhe stört die Klasse, bitte denk nach!	Pascal, hör mir zu! Pascal! Stopp! Denk nach!
Aufgaben in Zwischenschritte unterteilen	Bitte im Mathebuch auf Seite 21 die Aufgabe 9 lösen!	Leg deinen blauen Mathehefter auf den Tisch! (Abwarten) Schlage das Buch auf Seite 21 auf! (Abwarten) Nimm dir aus deiner Stiftebox einen Bleistift heraus! (Abwarten) Löse die Aufgabe 9!
Bei Regelverstoß direkter Hinweis ohne Bloßstellung	Jetzt hast du schon wieder den Tisch voll mit Materialien der letzten Stunde liegen! Warum hast du das Lineal denn Nina geklaut? Das macht man nicht!	Pascal, ordne die Materialien der letzten Stunde in die Box ein! Das Lineal gehört dir nicht! Bring es Nina wieder zurück!
Abstrakte Worte vermeiden	Gleich haben wir eine kurze Pause!	Wenn die Aufgabe erledigt ist, haben wir eine Pause!

Kurzgefasst

- Sachverhalte oder Anweisungen können anhand nonverbaler/visueller Signale unterstützt werden.
- Klare, kurze und wiederholende Sätze/Ansprachen unterstützen das Verständnis.
- Die Aufmerksamkeit wird erhöht durch Blickkontakt und eine reizarme Umgebung.
- Wiederholungen/Routinen wirken der Gedächtnisstörung entgegen.

3.5 Struktur und Beständigkeit

Kinder mit FASD benötigen eine durchgängige Struktur, klare Grenzen und Vorhersehbarkeit im Unterrichtsablauf. Auch Reizarmut und Übersichtlichkeit im Klassenraum geben dem Kind Sicherheit und tragen zu einem klaren Handlungsrahmen bei.

3.5.1 Im Ablauf

Die eigene Orientierungslosigkeit der FASD-Kinder kann durch äußere Struktur und Routine ausgeglichen werden. Immer wieder gleich ablaufende Tagesstrukturen helfen dabei, dass die Kinder sich im Alltag besser zurechtfinden. Verhaltensregeln und Tagesabläufe sollten möglichst immer gleich lauten und kleinschrittig schriftlich fixiert werden. Idealerweise geschieht dies gemeinsam mit den Kindern. Die Regeln und Abläufe sollten zudem für die Kinder sichtbar im Klassenraum aufgehängt werden. Plakate, Piktogramme oder Bilder können das Verständnis unterstützen. Auch den Eltern sollten die Abläufe und Regeln transparent gemacht werden. So können z.B. zeitliche Abläufe durch Piktogramme visualisiert und detailliert aufgeschlüsselt werden.

Uhrzeit	Aktivität
8:00 Uhr 	Erzählkreis 
8:30 Uhr 	Lesen 
9:30 Uhr 	Pause 
Etc.	Etc.

Abbildung 9: Ein schriftlich fixierter und stets sichtbarer Tagesablauf hilft den Kindern dabei, den Überblick zu behalten.

Dieses Prinzip sei durch ein kleines Beispiel erläutert: Eine Mutter stellt ihrem Sohn zu Hause zwei Boxen bereit. In der blauen Box sind Karten mit Bildern oder Texten zu dem, was das Kind zu erledigen hat (Zähneputzen, Gesicht waschen, Kleidung in den Korb, Pyjama anziehen etc.). Sobald der Junge eine Handlung beendet hat, legt er die Karte mit der entsprechenden Anweisung in die grüne Box (erledigte Aufgaben). Dieses Beispiel lässt sich auch im Schulalltag anwenden: Soll die Selbständigkeit des Kindes gefördert werden und soll der Lehrer nicht jeden Handlungsschritt benennen, so können auch im Unterricht Boxen mit Karten zu Alltagsaufgaben verwendet werden: Karten mit Jacke ausziehen und aufhängen, Schulranzen neben den Tisch stellen, Material bereitlegen etc.

Kindern mit FASD hilft es, wenn die Stundenpläne so strukturiert sind, dass jeder Tag in etwa den gleichen Ablauf hat – idealerweise würde an jedem Schultag die gleiche Fächerabfolge stattfinden.

Veränderungen im formulierten Ablaufplan sollten vermieden werden. Natürlich ist das nicht immer möglich. Dann sollte die Änderung jedoch frühzeitig und klar sowohl dem Kind als auch den Eltern mitgeteilt werden, damit alle Beteiligten sich darauf vorbereiten können.

> Klare, sich wiederholende Abläufe erleichtern FASD-Kindern das Lernen ebenso wie klar strukturierte Räume.

Selbst kleine Beschäftigungen, wie das Aufräumen des eigenen Tisches, können FASD-Kinder überfordern – insbesondere, wenn dies parallel zum eigentlichen Unterricht passieren soll. Für solche Aufgaben sollte eigens Zeit zur Verfügung stehen, sie sollten im Rahmen des Tages- oder Wochenablaufplans zu festgelegten Zeitpunkten stattfinden. So können die FASD-Kinder Routinen aufbauen. Auch regelmäßige Pausen zum Essen und Trinken sind hierfür wichtig.

Lehrer- und Klassenwechsel

Um Kontinuität zu gewährleisten, sollte in einer Klasse mit einem oder mehreren FASD-Kindern so wenig Lehrerwechsel wie möglich stattfinden. Da es sich in der Regel nicht vermeiden lässt, dass verschiedene Lehrkräfte in einer Klasse unterrichten, sind Absprachen zwischen den Lehrern besonders wichtig. Es sollte ein möglichst ähnlicher Unterrichtsablauf vereinbart werden, damit sich das Kind an nur einen Ablauf gewöhnen muss.

Wechselt ein Kind die Klasse, kann der ehemalige Klassenlehrer nicht nur den Kollegen, sondern auch das Kind einige Zeit über den Wechsel hinaus unterstützen. Der ehemalige Lehrer kann sich die ersten zwei Monate nach erfolgtem Wechsel nicht nur mit dem Kollegen, der das Kind nun unterrichtet, sondern auch mit dem FASD-Kind regelmäßig zusammensetzen und besprechen, welche Situationen nun anders sind als vorher oder wo es Probleme gibt, und vergleichen, in welchen Punkten vielleicht zu viel Abweichung im Vergleich zum vorherigen Unterrichtsablauf herrscht. Dies kann den Übergang für das Kind erheblich vereinfachen.

Bezugspersonen

Für Schüler mit FASD kann eine ständige Bezugsperson in der Schule etabliert werden, die als sogenannter »Anwalt« des Kindes fungiert. Das kann jede Person sein, die sich mit dem Kind gut versteht – vom Direktor bis hin zu einem älteren Schüler. Das Kind kann sich jederzeit vertrauensvoll an diese Person wenden, sowohl bei Problemen als auch bei Erfolgen. Dieser Anwalt sollte mit den unterrichtenden Lehrern in Kontakt stehen und bereits gesammelte Erfahrungen in Bezug auf den Umgang mit dem Kind bündeln. Wendet sich das FASD-Kind vertrauensvoll an seine Bezugsperson, weil es sich in der Klasse nicht wohl, sondern ausgeschlossen fühlt, kann die Bezugsperson mit dem Kind gemeinsam überlegen, wie sich dieses ändern lässt. Der Anwalt kann auch gemeinsam mit dem aktuellen Klassenlehrer überlegen, warum bzw. wann dieses Gefühl entsteht und was helfen könnte, die auslösenden Situationen zu verändern. Lösungswege werden durch die Bezugsperson festgehalten und können ggf. in späteren Situationen analog verwendet werden.

Übergänge

Übergänge (der Wechsel von Orten, Unterrichtsmethoden etc.) stellen besondere Herausforderungen für Kinder mit FASD dar; für sie sollte genug Zeit eingeplant werden. Übergänge können durch taktile, akustische oder visuelle Signale angekündigt und unterstützt werden. Dem Schüler können so Erinnerungshilfen gegeben werden, wann eine Aktivität beginnt oder endet. Diese Stützen können auch als Anfangs- und Schlussritual eingeführt werden:

- Das Kind kann an der Schulter berührt werden, wenn eine Aktivität endet.
- Eine Klangschale oder ein Wecker kann ertönen, wenn ein Wechsel ansteht.
- Ein immer wieder gleiches Lied kann leise gespielt werden und so dem Kind gezeigt werden, dass die Aktivität sich dem Ende zuneigt.
- Das Licht im Klassenzimmer kann gedämmt, ausgeschaltet oder angeschaltet werden, um einen Übergang zu demonstrieren.
- Den Kindern können Aufgaben übertragen werden, welche sie auf einen Übergang vorbereitet: Einsammeln von Blättern, Spitzen von Stiften etc.

Zeitliche Orientierung

Die (verbleibende) Zeit bei Gruppenaufgaben etc. einzuschätzen, ist für FASD-Kinder schwierig. Wenn man das Vergehen der Zeit erlebbar macht, fällt es den Kindern leichter. Außerdem führt es dazu, dass der Zeitraum bis zum Ende der Aufgabe für das Kind besser auszuhalten ist.

- Eine Sanduhr, ein sichtbarer Timer oder Countdown-Karten, die zum Ablauf der Zeit regelmäßig vom Lehrer hochgehalten werden (3 Sonnen, 2 Sonnen, 1 Sonne …) verdeutlichen dem Kind, dass das Ende einer Aktivität naht. Auch Handys/Tablets können hierfür genutzt werden.
- Eine Papieruhr in den Arbeitsmaterialien des Schülers hilft beim Einhalten von Arbeitszeiten: Soll er eine Aufgabe um 10:00 Uhr abgeben, kann er die Zeiger entsprechend auf die Uhrzeit einstellen. Hat er die Uhr vor sich liegen, kann er sich immer wieder selber vergewissern, wann er die Aufgabe abgeben muss, und die aktuelle Uhrzeit von einer Uhr an der Wand des Klassenraums ablesen.

Zeitmanagement ist aber nicht nur für den schulischen Alltag relevant, sondern auch ein wichtiger Aspekt der selbständigen Lebensgestaltung. Es ist daher auch unabhängig von Übergängen wichtig, den Kindern mit FASD ein Gefühl für Zeit zu vermitteln. Zeit ist abstrakt, es gibt analoge und digitale Uhren, man benennt zwei verschiedene Tageszeiten mit einer Uhrzeit und man spricht verschieden von Zeitspannen (eine halbe Stunde, von 10:00 Uhr bis 10:30 Uhr etc.) Äußere Routinen (gleiche Tages-/Arbeitsabläufe) stärken das Einschätzen von Zeit. Auch hilft es, wie oben beschrieben, die Zeit erlebbar und anschaulich zu gestalten.

- Jeder Unterrichtstag kann damit begonnen werden, die aktuelle Uhrzeit, den genauen Tag und die Jahreszeit zu nennen.
- Kalender im Raum mit verschiebbaren Datumsanzeigen können das Vergehen der Zeit deutlich machen. Jedes Kind darf dann abwechselnd die Anzeige weiterschieben. Jahreszeitenbilder können der aktuellen Jahreszeit entsprechend zugehängt werden.
- Manchen Kindern fällt es leichter, eine digitale Uhr zu lesen, andere verstehen eine analoge Uhr besser. Es ist daher wichtig, dass ggf. zwei Uhrentypen an der Wand hängen.

Räumliche Orientierung

Für viele, besonders für junge Kinder mit FASD wirkt die Schule auch nach langer Zeit noch groß und unübersichtlich.

- Bei einem Wechsel des Klassenraums können dem Kind Bilder des neuen Raums gezeigt werden.
- Auch kann dem Kind eine vertraute Begleitperson (z. B. ein älterer Schüler oder ein bestimmter Klassenkamerad) zur Seite gestellt werden, wenn es darum geht, den Klassenraum zu wechseln oder in die Pause zu gehen. Die Begleitperson kann auch dafür sorgen, dass das Kind frühzeitig in den Klassenraum zurückkehrt, um sich mental auf den Beginn der neuen Unterrichtsstunde vorzubereiten.
- Farbliche Markierungen von Wegen und Räumen können die Orientierung erleichtern. Für ein Kind mit FASD, das trotz täglichen Gehens der Wege nicht allein vom Eingang der Schule in den eigenen Klassenraum fand, malten die Lehrer vom Eingang der Schule bis zum Klassenraum eine farbige Linie auf den Boden. Seither findet das Kind den Weg allein.

Visuelle Erleichterungen

- Es kann ein nonverbales Zeichen (Signal) vereinbart werden, mit dem die Kinder signalisieren können, dass sie auf die Toilette müssen (z. B. Hochstrecken des Daumens). Dieses Signal kann auch mit den anderen Schülern der Klasse vereinbart werden.
- Eine weitere Möglichkeit, die die visuelle Präferenz der Kinder mit FASD berücksichtigt, ist das Aufhängen eines kleinen abnehmbaren Bildes in der Nähe der Klassentür. Die Schüler der Klasse wissen, dass sie ohne zu fragen auf die Toilette

gehen können, wenn das Schild dort hängt und somit kein anderer Schüler auf der Toilette ist.

3.5.2 Im Klassenraum

FASD-Kinder haben eine räumliche Wahrnehmungsstörung, reagieren sensibel auf ihre Umgebung und sind visuell schnell überreizt. Leicht werden sie daher durch ihre Umgebung abgelenkt. Einfache Veränderungen innerhalb des Klassenraums können helfen, Struktur zu schaffen und persönliche Grenzen für das Kind zu verdeutlichen.

> Weniger ist mehr! Der Klassenraum sollte klar und übersichtlich sein.

Der Raum sollte aufgeräumt und möglichst reizarm gestaltet sein. So lenken etwa von der Decke herabhängende Materialien und reich geschmückte Klassenräume die Kinder unnötig ab und sollten daher vermieden werden. Auch grelle Farben oder eine unregelmäßige, aufdringliche Beleuchtung können Kinder mit FASD stark ablenken. Deshalb kann es in manchen Fällen sinnvoll sein, eine störende Deckenleuchte abzudunkeln oder ganz zu entfernen. Ebenso ist ein Sitzplatz am Fenster, welcher stark von der Sonne bestrahlt wird, eher ungeeignet.

Der Klassenraum sollte auch so geräuscharm wie möglich gehalten werden. Bereits das Ticken einer Uhr kann Kinder mit FASD stark ablenken. Auch wenn Mitschüler während des Unterrichts ihre Stühle hin- und herschieben, kann dieses Geräusch sehr störend und irritierend für FASD-Kinder sein. Diese Geräusche sollten weitestgehend minimiert werden. Hilfreich sind Filzstücke unter den Stuhl- und Tischbeinen.

Manchmal wirken Pflanzen im Klassenzimmer beruhigend. Ist das Kind mit FASD zudem beim Gießen behilflich, wird sein Verantwortungsbewusstsein gefördert. Am Gedeihen der Pflanze sieht es kontinuierlich das Ergebnis seiner Arbeit.

Aufbewahrung von Arbeitsmaterialien

Arbeitsmaterialien, die regelmäßig benötigt werden, können direkt am Tisch des Kindes befestigt werden: Eine kleine Box kann z. B. links oben mit doppelseitigem Klebeband auf den Tisch geklebt werden. In dieser Box werden dann die regelmäßig benutzen Stifte, Radiergummi, Anspitzer etc. aufbewahrt.

Materialien, die im Moment nicht genutzt werden, sollten aus dem Gesichtsfeld des Kindes »verschwinden« und verstaut werden. Hierfür ist ausreichend Platz – neben dem Tisch oder in einem speziellen Bereich des Klassenraums – notwendig, wo das Kind eigene Materialien unterbringen kann. Der Schüler sollte für jedes Unterrichtsfach eine andersfarbige Box/ einen andersfarbigen Ordner haben, in dem alle für das jeweilige Unterrichtsfach erforderlichen Materialien aufbewahrt werden. Zudem können die Boxen/Ordner bebildert oder beschriftet sein. So sieht das Kind schnell, welche Materialien hineingehören: Die blaue Box ist dem Fach Mathematik zugeordnet. Hier kommt am Ende der Unterrichtsstunde der blaue Hefter hinein, in den das Kind nach der Unterrichtsstunde alle neuen Aufgabenblätter abheftet und das Lineal, der Taschenrechner etc.

Für das Sortieren und Ordnen muss genug Zeit eingeplant werden, und es muss immer wieder daran erinnert werden. Sind die Materialien einmal durcheinander geraten, wird das Kind lange brauchen, bis es sich auf etwas Neues konzentrieren kann. Die bestehenden Ordnungshefte müssen immer wieder kontrolliert werden. Eigenständiges Nutzen und Sortieren sollte immer wieder gelobt werden. Wie genau das Ordnungssystem gestaltet wird und wo die Boxen/Ordner im Klassenraum aufbewahrt werden, kann gemeinsam mit der Klasse abgesprochen werden. Natürlich fördert es die Motivation, wenn alle Kinder das gleiche System verfolgen.

Der Sitzplatz im Klassenraum

Damit Kinder mit FASD nicht zu stark abgelenkt werden, sollten sie Klassen mit einer möglichst geringen Schülerzahl zugeteilt werden. Ist dies nicht möglich, so sollte die Klasse für bestimmte Aufgaben visuell geteilt werden, z. B. durch gruppierte Tische oder durch Trennwände. Auch kann es helfen, den Tisch des Kindes zu drehen, damit der Blick gegen eine Wand gerichtet ist, oder zeitweise einen Sichtschutz zu platzieren.

Feste, nach Möglichkeit mit Namen versehene Sitzplätze geben den Kindern Struktur und ein Gefühl von Beständigkeit.

Die Frage, wo im Klassenraum ein guter Sitzplatz für ein Kind mit FASD ist, ist nicht pauschal zu beantworten: Es gibt Kinder, die gut in den vorderen Reihen aufgehoben sind, da sie so nicht durch das Verhalten der anderen Kinder abgelenkt werden. Andere Kinder mit FASD wiederum sind besonders unsicher, wenn sie vorne sitzen, weil sie Angst vor dem haben, was vielleicht hinter ihrem Rücken geschieht. Fest steht jedoch, dass ein Kind mit FASD nicht an den ablenkenden »Verkehrswegen« im Klassenraum sitzen sollte.

Der Sitzplatz eines Kindes sollte so wenig Ablenkung wie möglich bereithalten. Ein einfacher Trick kann dabei helfen, ablenkende Reize am Platz des Kindes zu reduzieren: Ein langes Stück Pappe, welches zweimal geknickt und auf den Tisch gestellt wird, wird zur mobilen Arbeitskabine. Dahinter kann das Kind in Ruhe und ohne Ablenkung arbeiten. Wichtig ist in jedem Fall, dass das Kind diese Maßnahme auch selbst gut findet und sie nicht als Strafe versteht. Eventuell hilft es, wenn diese Art der Abschirmung von mehreren Kindern genutzt wird.

Für viele Kinder mit FASD ist es günstig, in der Klasse alleine an einem Tisch zu sitzen. Dies kann ihnen dabei helfen, Distanzen und Grenzen besser wahrzunehmen. Klebt auf seinem Platz sein Namensschild und erklärt man ihm immer wieder, dass die Kanten des Tisches die Grenzen seines privaten Raums sind und dass der private Raum des Nachbarn wiederum von dessen Tischkanten markiert ist, so kann man Konflikten entgegenwirken. Das Kind fühlt sich weniger eingeengt, entwendet seltener fremde Materialien und findet zu seinem Platz zurück. Es muss jedoch auf die individuelle Situation des Kindes Rücksicht genommen werden. Wird es von Freunden weggesetzt, kann dies auch zur Entfremdung führen. Ist ein guter Platz gefunden worden, sollte dieser unbedingt lange beibehalten werden. Einen festen Sitzplatz im Verlauf eines Schuljahres beizubehalten, gibt dem Kind Kontinuität.

Kurzgefasst
- Tagesabläufe sollen dem Kind zusätzlich auch visuell dargestellt werden.
- Routinen sollten gefestigt und Abläufe so wenig wie möglich verändert werden.
- Für Wege und Übergänge im Ablauf muss genug Zeit eingeplant werden.
- Das zeitliche und räumliche Verständnis der Kinder kann durch akustische und visuelle Signale unterstützt werden.
- Eine konstante Bezugsperson in der Schule gibt dem Kind Halt und Struktur.
- Ein reizarmer und gut strukturierter Klassenraum mit festem Sitzplatz für das Kind fördert die Konzentration.

3.6 Sozialkompetenz

Menschen mit FASD zeigen viele neurologisch bedingte Verhaltensauffälligkeiten, die sich auch negativ auf die Beziehungen zur Umwelt auswirken. Um ein adäquates Verhalten und soziales Miteinander zu fördern, können folgende Methoden helfen:

Toleranz innerhalb der Klasse

Für Kinder mit FASD ist es im Hinblick auf ihr Verhalten in der Klasse und gegenüber ihren Mitschülern grundlegend, dass Verständnis für ihre Situation herrscht und sie von der Klassengemeinschaft akzeptiert werden. Innerhalb der Klasse sollte daher eine Atmosphäre aufgebaut werden, die auch Unterschiede toleriert und akzeptiert. In diesem Zusammenhang sollte der Lehrer die Kinder immer wieder daran erinnern, dass jedes Kind anders ist. Es ist ganz normal, dass jeder Mensch bestimmte Dinge gut und andere Dinge nicht so gut kann. Alle können voneinander lernen und sich gegenseitig helfen. Niemand wird ausgeschlossen, weil er anders ist, denn JEDER ist in Bezug auf einen anderen Menschen anders. Den Schülern soll verdeutlicht werden, dass man sich anderen gegenüber immer so verhalten soll, wie man sich das Verhalten anderer selbst wünscht. Keiner möchte gehänselt oder ausgelacht werden, weil er etwas nicht kann, also sollte man das auch bei anderen nicht tun.

> Die Integration in die Klassengemeinschaft ist für die gesunde Entwicklung von FASD-Kindern sehr wichtig.

Gefühle erkennen und mitteilen

Kinder mit FASD sind häufig nicht fähig, ihre Gefühle und Emotionen zu erkennen und anderen mitzuteilen. Dies führt oftmals zu plötzlichen impulsiven Gefühlsausbrüchen. Für das gesellschaftliche Miteinander ist es daher wichtig, dass die Kinder lernen, ihre Gefühle zu identifizieren und über diese zu sprechen. Das Kind muss lernen, welche Gefühle es gibt, wie sich diese anfühlen, wie sie gezeigt werden und wie man richtig auf bestimmte Gefühle reagiert. Gefühle in Worte zu fassen, fällt oft schwer. Anhand von Bildern kann das Kind verschiedene Gefühle erkennen lernen. Ein Beispiel: Ein »Tornado« steht für ein inneres Durcheinander/innere Unruhe. Mit den Kindern wird geübt, dass sich der Tornado für den Betroffenen z. B. mit schnellem Herzklopfen und verschwitzten Händen zeigt. Nach außen wirkt der Betroffene unruhig und hibbelig, er macht schnelle Bewegungen mit Armen und Beinen und schaut vielleicht auffallend oft umher. Anhand von Rollenspielen kann mit den Kindern geübt werden, wie auf einen Menschen, der gerade unruhig ist und sich durcheinander fühlt, reagiert werden kann (z. B. ruhig auf ihn zugehen, ihn an der Schulter anfassen und Hilfe anbieten). Sofern die Kinder in der Lage sind, ihre Gefühle mit Worten auszudrücken, können (ggf. unter Einbeziehung der Eltern) gemeinsam Situationen besprochen werden, in denen diese Emotionen auftreten: »Wenn die Aufgabe zu schwer ist, werde ich unruhig«. Außerdem können positive Merksätze mit den Kindern entwickelt werden: »Ich bin durcheinander, also will ich mich beruhigen, ich atme drei Mal tief ein und versuche es nochmal oder frage nach Hilfe. Ich muss nichts alleine schaffen«.

Im Unterricht hilft ein Gefühlsdiagramm, das im Klassenzimmer aufgehängt wurde. Verschiedene Bilder zeigen verschiedene Gefühle. Um das Bestimmen von Gefühlen zu üben, kann regelmäßig nachgefragt werden, welches Gefühl jeder Schüler gerade hat. Die Schüler können sich dann unter das jeweilige Gefühlsbild stellen und begründen, warum es gerade zu ihnen passt.

Auch spielerisch können Gefühle erraten werden: Eine Gefühlskarte wird von einem Kind gezogen. Auf dieser kann der Begriff eines Gefühls stehen, besser ist jedoch, es zusätzlich auch bildhaft darzustellen. Das Kind versucht dann, den anderen Kindern das Gefühl pantomimisch darzustellen, und diese müssen es erraten. Die Kinder lernen spielerisch, welche Mimik und Gestik zu welchem Gefühl passt und wie sich z. B. »wütend sein« anfühlt.

Klare Regeln

Durch klare Regeln lernen FASD-Kinder Muster für angemessenes Verhalten. Das kann sie auch vor Konflikten schützen. Die Regeln sollten schriftlich fixiert werden (mit Bildern) und gelten für die gesamte Klasse. Wichtig ist, dass die Regeln kurz und bildhaft beschrieben werden, Vollverben enthalten, ein Gebot und kein Verbot formulieren und mit ich/wir beginnen: »Wir sagen die Wahrheit«, »Ich warte, bis ich dran komme, dann spreche ich.« etc. Die Regeln müssen in verschiedenen Situationen eingeübt werden. FASD-Kinder erkennen nur schwer, dass sich eine Regel auf mehrere Bereiche und Situationen bezieht.

Gruppenarbeiten

Regelmäßige Gruppenarbeiten stärken das Erlernen von sozialen Kompetenzen. Klare Regeln innerhalb der Gruppe unterstützen Kinder dabei, sich innerhalb der Gruppe zu orientieren.

Positives Verhalten stärken

Positives Verhalten – besonders im Umgang mit Mitschülern – sollte stets anerkannt und verstärkt werden. Das Kind erlangt so Vertrauen, dass es den Umgang mit seinen Mitmenschen meistern und die Mitschüler (besser) deuten kann. So fühlt es sich weniger ausgeschlossen. Zu beachten ist, dass es FASD-Kindern aufgrund ihrer eingeschränkten Empathiefähigkeit oft schwer fällt, direktes verbales Lob zu verarbeiten. Man kann das Lob auch schriftlich oder bildhaft (z. B. über Smileys im Heft) aussprechen.

Innerhalb der Klasse kann ebenfalls geübt werden, das positive Verhalten und die positiven Eigenschaften in den Vordergrund zu stellen. Nach einer Gruppenarbeit soll sich z. B. jedes Kind zu seinen Gruppenmitgliedern äußern. Hierbei dürfen nur positive Erfahrungen genannt werden. Eine weitere Möglichkeit ist es, den Schülern einen Karton auf den Rücken zu binden, worauf sie sich gegenseitig ausschließlich positive Eigenschaften schreiben sollen.

Negative Reaktionen/Konsequenzen (z. B. Strafen) auf Fehlverhalten können schädlich sein, wenn die Kinder unabsichtlich oder aus purer Überforderung heraus gehandelt haben. Es gilt immer zu bedenken, dass sich FASD-Kinder kaum Regeln und Absprachen merken können. Es gilt also, aus negativem Verhalten ein alternatives positives Verhalten aufzubauen und nicht mit dem Kind zu schimpfen. Zeigt ein Schüler während einer Aufgabenbearbeitung negatives Verhalten, so kann ihm das wiedergespiegelt, die Aufgabe umgestaltet und die Aufmerksamkeit umgelenkt werden: »Du bist gerade sehr unruhig. Ich knicke dir das Aufgabenblatt, damit du nur eine Aufgabe anschaust. Löse diese Aufgabe!«. Der Lehrer kann den Schüler zusätzlich auf das alternative positive Verhalten hinweisen »Wir reden nicht dazwischen. Wir sprechen dann, wenn wir dran sind.«

Konflikte mit Mitschülern vermeiden

Auch am Rande des Unterrichtes kommt es manchmal zu schwierigen Situationen oder gar Konflikten. Wenn z. B. am Ende einer Schulstunde alle Kinder durch die Türe drängen, kann ein Kind mit FASD oft nicht unterscheiden, ob es absichtlich oder versehentlich angerempelt wurde. Es wehrt sich dann gegen einen vermeintlichen Angreifer, der sich nun seinerseits provoziert fühlt. Konfliktsituationen sollten von vornherein vermieden werden. So kann das Kind mit FASD gebeten werden, zu warten, bis das Gedränge vorüber ist.

Probleme lösen

Kindern mit FASD fällt es oft schwer, Probleme oder Konfliktsituationen zu erkennen oder gar zu lösen. Eine Checkliste, wie mit einem Problem umgegangen werden kann, gibt dem Kind Orientierung. Sie kann gemeinsam mit dem Kind durchgegangen werden, wenn es zu einem Konflikt kam (Abb. 10).

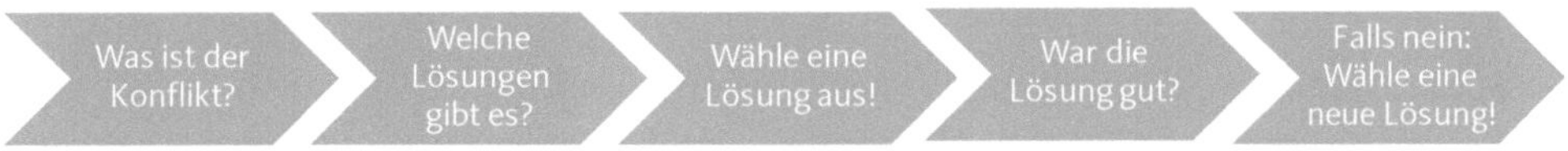

Abbildung 10: Checkliste für Probleme/Konflikte

Kurzgefasst

- Eine tolerante und verständnisvolle Atmosphäre in der Klasse hilft dem Kind.
- Im gemeinsamen Miteinander können akustische und visuelle Signale helfen, Gefühle zu identifizieren und Gedankengänge zu festigen.
- Konfliktreiche Situationen (wie z. B. Gedränge) können durch klare Abläufe vermieden werden.
- Positive Feedbacks in Bezug auf den Umgang mit den Mitschülern stärken das Kind.

3.7 Entwicklungsgerechtes Lernen

Um das individuelle Potenzial von Kindern mit FASD bestmöglich zu fördern, müssen Unterrichtsmethoden, Anforderungen und Erwartungen individuell an das Kind angepasst werden.

Beziehungen erlernen

Kinder mit FASD haben häufig Probleme, Freunde zu finden. Dies ist darin begründet, dass ihnen das Einhalten von Spielregeln schwerfällt, sie oft abgelenkt sind und sie zudem das Verhalten ihres Gegenübers nur schwer deuten können. Kinder mit FASD werden durch ihre Mitschüler oft ausgenutzt und lassen sich leicht zu unerwünschtem Verhalten animieren, weil sie die Folgen ihres Verhaltens nicht abschätzen können.

Im Unterricht können verschiedene Arten von Beziehungen und deren Charakteristika immer wieder besprochen und »geübt« werden, etwa indem die Schüler beschreiben, was einen guten Freund ausmacht. Bei jüngeren Kindern können Kuscheltiere zum Einsatz kommen, anhand derer verdeutlicht wird, was Freunde füreinander tun und was Freundschaft ausmacht.

Kinder mit FASD sind motiviert und leistungsbereit, wenn sie nicht unter zu großem Erfolgsdruck stehen.

Es sollten verschiedene Lernmethoden eingesetzt werden, die möglichst viele Sinne der Kinder ansprechen. Gerade FASD-Kindern fällt es leichter, die Konzentration zu halten, wenn nicht nur der auditive Kanal genutzt wird, sondern auch der visuelle und taktile Kanal (Sehen und Körperempfinden).

Visuelles Lernen

- Sachverhalte können anhand grafischer Abbildungen/Organisationshilfen dargestellt werden. Ein Mindmap hilft, z. B. Informationen zu sammeln sowie die Struktur und die Wichtigkeit der einzelnen Informationen zu veranschaulichen. Zeitleisten können dabei helfen, Abläufe zu visualisieren. Ein Venn-Diagramm stellt z. B. Gemeinsamkeiten und Unterschiede bildhaft dar:

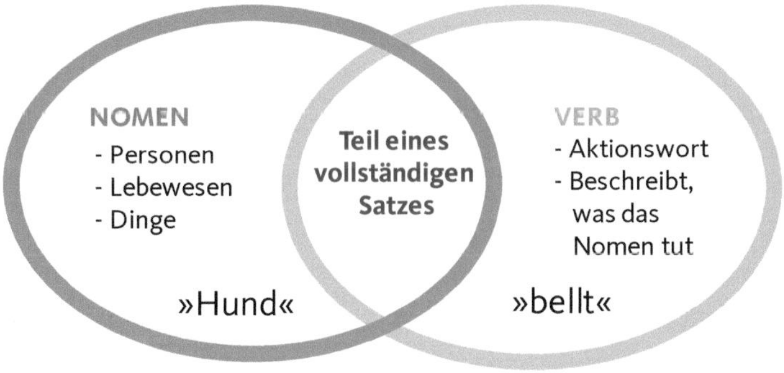

Abbildung 11: Auch im Hinblick auf den Unterrichtsgegenstand gilt: Visuell dargestellte Sachverhalte werden von FASD-Kindern einfacher aufgenommen

- Gesagtes/Arbeitsanweisungen können unterstützend mit Symbolen/Gesten/Gegenständen dargestellt werden. Das Heben des Zeigefingers verdeutlicht, dass nun etwas Wichtiges folgt.
- Bei jüngeren FASD-Kindern sollten Bücher immer genügend Bilder enthalten. Da zu viele Details den Schüler ablenken können, sollten Bilder und Texte auf verschiedenen Seiten stehen. Bei älteren Kindern erleichtern Bücher, die es ebenfalls als Film gibt, das Verständnis.
- Ein Bildlexikon kann selbst durch den Schüler angelegt werden. Fallen ihm Worte und Begriffe schwer, so kann er das Lexikon durch diese erweitern und sich ein passendes Bild suchen.
- Lehrkräfte sollten im Unterricht regelmäßig Präsentationen/Handouts/Videos einsetzen.
- Auch die Nutzung unterschiedlicher Farben erleichtert den Kindern mit FASD das Lernen und Verstehen. Im Deutschunterricht können z. B. verschiedene Farben für verschiedene Wortarten verwendet werden (Adjektive, Nomen, Verben etc.). Sowohl der Lehrer als auch der Schüler können wichtige Inhalte in Texten farblich kennzeichnen, z. B. mit Textmarkern.

Auditives Lernen

- Texte oder Sachverhalte, die erlernt werden sollen, können mit Liedern kombiniert werden. So können Themen durch passende Volks-/Raplieder unterstützend thematisiert werden.
- Werden Bücher gelesen, zu denen es auch ein Hörbuch gibt, kann kapitelweise nach den gelesenen Seiten auch die Hörversion abgespielt werden.
- Auswendiglernen wird durch rhythmisches Singen, z. B. eines Satzes, erleichtert, indem der jeweilige Inhalt mit einer Melodie oder mit Reimen verknüpft wird.
- Das Erstellen von Eselsbrücken unterstützt das Gedächtnis (»**N**ie **o**hne **S**eife **wa**schen« als Reihenfolge der Himmelsrichtungen Norden, Osten, Süden, Westen).

- Die Aufgabenstellungen können z. B. durch einen digitalen Vorlesestift oder ein Diktiergerät entweder vom Lehrer oder vom Schüler selbst aufgenommen werden und dann nach Belieben während der Aufgabe erneut (über Kopfhörer) abgespielt werden.

Taktiles Lernen

Durch Anfassen, Riechen und Bewegung werden Unterrichtsinhalte aufgenommen und verarbeitet. Alles, was FASD-Kinder mit ihren Händen und ihrem Körper erfahren können, fällt ihnen leichter zu lernen:

- Ausstellungen, Versuche und Exkursionen zu bestimmten Unterrichtsinhalten helfen dem Kind, den Lerninhalt zu verstehen.
- Begriffe/Gegenstände werden geknetet.
- Buchstaben/Zahlen werden mit Fingerfarbe gemalt, in die Luft oder auf den Rücken des Nachbarn geschrieben.
- Silben neu erlernter Worte oder Zahlen können gehüpft oder geklatscht werden.
- Zahlen oder Buchstaben aus Pappe werden ausgeschnitten und bemalt/beklebt und dabei immer wieder gesprochen.
- Klötze, Würfel oder ein Rechenrahmen helfen dem Kind dabei mathematische Aufgaben zu verstehen.

Wiederholungen

Da viele Kinder mit FASD ein schlechtes Kurzzeitgedächtnis haben, sollte der Lernstoff möglichst oft wiederholt werden. Da dies häufiger zu Erfolgserlebnissen des Kindes führt, fördert es auch sein Selbstvertrauen.

Arbeitsabläufe festhalten

Die einzelnen Schritte von Arbeitsaufträgen sollten schriftlich und/oder visuell fixiert werden. Es können z. B. Lernplakate mit häufig vorkommenden Arbeitsabläufen erstellt und gut sichtbar aufgehängt werden. Die Arbeitsabläufe zum Lösen einer Aufgabe können auch auf ein Diktiergerät gesprochen und während des Lösungsvorgangs immer wieder abgehört werden.

> Das Zerlegen von Arbeitsaufträgen in einzelne Schritte ist hilfreich für die meisten Kinder mit FASD.

Auch können Hefter für Aufgabentypen angelegt werden, die regelmäßig zu bearbeiten sind. So entsteht nach und nach ein Handbuch für wiederkehrende Handlungen in verschiedenen Fächern. Wichtig ist, dass das Kind für jede und vor jeder Aufgabe einen Plan hat und nicht einfach beginnt, eine Aufgabe irgendwie zu lösen. Die Aufschlüsselung von Aufgaben in einzelne Arbeitsschritte ermöglicht es Lehrkräften zudem, gezielt nachzufragen, an welcher Stelle das Kind Probleme bei der Bewältigung der Aufgabe hatte.

Weiterhin sollten dem Kind zum Durchführen eines Arbeitsauftrags geeignete Hilfsmittel zur Verfügung stehen, so z. B. ein Taschenrechner oder ein Lineal. FASD-Kinder sollten mehr Zeit erhalten für die Erledigung ihrer Aufgaben. Lehrkräfte sollten immer wieder vermitteln, dass ein gutes Ergebnis wichtiger ist als die schnelle Erledigung einer Aufgabe. Dabei ist zuweilen Fingerspitzengefühl notwendig, z. B. wenn ein Kind mit FASD als Teil der Klassengemeinschaft keine besondere Behandlung wünscht.

Arbeitsmaterial

Das Arbeitsmaterial sollte klar und übersichtlich sein. Die einzelnen Seiten sollten nicht zu viel Text beinhalten und einen großen Zeilenabstand aufweisen. Es sollte ausreichend Raum zwischen dem Text bzw. den Darstellungen gelassen werden, besser noch sollten Texte und Bilder auf verschiedenen Seiten angeordnet sein. Auf einem Blatt sollte möglichst nur eine Rechenaufgabe stehen. Besonders im mathematischen Bereich überfordert eine Fülle von Rechenaufgaben auf einem Blatt das Kind schnell.

Hausaufgaben

Hausaufgaben sollten nicht nur mündlich genannt, sondern auch schriftlich festgehalten werden. Im Hinblick auf den Beginn und die Erledigung der Hausaufgaben kann gemeinsam mit den Kindern eine Checkliste mit konkreten Arbeitsschritten erarbeitet werden. Eventuell kann diese auch durch anschauliche Bilder illustriert werden. Wenn die Kinder die Checkliste zur Bearbeitung der Hausaufgaben mit nach Hause nehmen, können auch die Eltern informiert werden, sodass immer nach dem gleichen Muster vorgegangen wird, um die Routine des Kindes zu stärken. Hausaufgaben sollten so verändert, reduziert und angepasst werden, dass die Kinder sie in der dafür vorgesehenen Zeit tatsächlich erledigen können.

Abbildung 12: Checkliste für Hausaufgaben

Kompetenzen erkennen

Talente und Kompetenzen müssen erkannt und unterstützt werden. Dies fördert das Selbstvertrauen der Kinder. Gerade Kinder mit FASD zeigen häufig bei praktischen Tätigkeiten Talent, so z. B. bei Handarbeiten oder in musischen und künstlerischen Bereichen. Auch haben Kinder mit FASD oft einen guten Zugang zu jüngeren Kindern. Deswegen kann z. B. die Hospitation in einer Kita Jugendlichen mit FASD vielfältige Lernerfahrungen und Erfolgserlebnisse vermitteln.

Kurzgefasst

- Bei der Unterrichtsgestaltung gilt es darauf zu achten, dass der Lernstoff auf unterschiedlichen Wegen zugänglich gemacht wird und unterschiedliche Sinne anspricht (Sehen, Hören, Fühlen).
- Lernstoff immer wieder zu wiederholen und Arbeitsaufträge in einzelne Schritte zu zerlegen, führt zu Erfolgserlebnissen. Die Erstellung eines Handbuchs für die Erledigung wiederkehrender Arbeitsaufträge ist zu empfehlen.
- Klare Aufgabenblätter mit möglichst wenig Text vermeiden eine Überforderung. Mehrere Aufgaben können auf mehreren Blättern ausgeteilt werden.

3.8 Grundbedürfnisse erkennen

Kinder lernen grundsätzlich am besten, wenn sie nicht unter Stress stehen. Für Kinder mit FASD trifft dies ganz besonders zu. Bei ihnen geht es immer wieder darum, ihr Stresslevel auf das für sie angemessene Maß zu senken. Oft gibt es »Frühwarnzeichen« für eine Überforderungssituation und/oder für einen Impulsdurchbruch. Viele dieser Situationen könnnen vermieden werden, wenn auf die Signale des Kindes geachtet wird.

FASD-Kinder benötigen regelmäßige Pausen nach kurzen Lerneinheiten. Da sie ihr Bedürfnis nach Erholung oft nicht selbst erkennen, ist es wichtig, dass Lehrer Pausen aktiv einfordern. Die Zeit zwischen den Pausen kann ggf. allmählich verlängert werden.

Ist ein Kind unruhig und lenkt es seine Mitschüler ab, kann ihm eine Auszeit verschafft werden, indem es eine Routineaufgabe erledigt, z.B. Bleistifte anspitzen. Bemerkt die Lehrkraft, dass das Kind mit einer Situation generell überfordert ist, kann sie es für einige Zeit aus der Situation herausholen. So kann sich das Kind (in Begleitung) in ein separates Zimmer oder einen separaten Bereich zurückziehen.

Als Rückzugsort für Pausen kann im Klassenraum eine Ruhe-Ecke eingerichtet werden. Diese kann z.B. mit einem Sitzsack, einem entspannenden Bild sowie mit Raumteilern, die das Licht dämpfen, ausgestattet werden. Dem Kind können in solchen Pausenzeiten und auch während Stillarbeitsphasen Kopfhörer bereitgestellt werden. Für manche Kinder sind auch Lärmschutzkopfhörer sinnvoll, damit sie sich besser konzentrieren können und damit das Stresslevel durch die Reduzierung der verschiedenen akustischen Eindrücke sinkt. Andere Kinder profitieren von leiser, beruhigender Musik, um zu entspannen und andere Geräusche auszublenden. Danach ist die Lernbereitschaft oftmals höher.

Wenn mehr Zeit für Pausen und Entspannung zur Verfügung steht, kann auch eine Traum-/Fantasiereise durchgeführt werden. Dem FASD-Kind muss vorher genau erklärt werden, was eine Traumreise ist und was dabei passiert. Das Kind muss sich sicher fühlen, um sich auf diese Art der Entspannung einlassen zu können. In jedem Fall muss vorab für genug Zeit und Ruhe gesorgt werden. Das Kind soll eine gemütliche Position einnehmen und dann erst soll der Lehrer beginnen, die Reise vorzulesen.

Die folgende Fantasiereise eignet sich gut für Kinder im Grundschulalter. Weitere kindgerechte Fantasie- und Traumreisen finden sich z. B. in dem liebevoll ausgestatteten Band von Friebel (2013), der auch in den Literaturempfehlungen am Ende dieses Buchs aufgeführt ist.

Am Strand

Stell dir vor, du bist weit, weit weg von hier, auf einer einsamen Insel im Stillen Ozean. Es ist eine freundliche und sonnige Insel, mit grünen Hügeln und einem schönen, einsamen Strand.

Stell dir vor, du gehst barfuß den Strand entlang. Spürst du, wie warm und körnig sich der Sand unter deinen Füßen anfühlt? Das Meer liegt ruhig vor dir und glitzert. Am Himmel ziehen weiße Wolken vorüber, ganz langsam und allmählich.

Nach einer Weile findest du eine schöne Stelle, wo du dich ausruhen kannst.

Der Sand auf deiner Haut fühlt sich weich und warm an. Dein ganzer Körper entspannt sich. Die Arme und Beine fühlen sich angenehm schwer an.

Du spürst auch die Wärme der Sonnenstrahlen auf deiner Haut. Die Wärme strömt durch deinen ganzen Körper. Es ist ein schönes Gefühl, diese Wärme zu spüren.

Du kannst auch das Meer hören. Wie die Wellen kommen und gehen, immer im gleichen Rhythmus. So wie dein Atem, der ganz ruhig und gleichmäßig fließt – ein und aus, ein und aus. Ganz von allein. Du achtest ein Weilchen nur auf deinen Atem. Und du fühlst, wie du dabei immer ruhiger wirst und dich immer stärker fühlst.

So liegst du ein Weilchen am Strand und genießt deine Ruhepause. Du spürst, wie die Ruhe und die Kraft tief in dir drin wachsen.

Weitere Entspannungsübungen wie die progressive Muskelrelaxation (PMR) oder autogenes Training können ebenfalls für Kinder genutzt werden. Auch hier sollte für ausreichend Ruhe und Zeit gesorgt werden. Dafür können auch CDs genutzt werden, die der Lehrer im Unterricht abspielen kann. Die Kinder sitzen auf ihren Stühlen oder liegen auf dem Boden, schließen die Augen und lauschen der CD oder dem Lehrer selbst, wenn dieser die Übung gemeinsam mit den Kindern durchführen möchte. Hier kommt es auch darauf an, die Kinder zu beobachten: Hilft das Abspielen einer CD, oder reagieren sie besser auf die vertraute Stimme des Lehrers? Bücher und Hörbücher mit konkreten Übungen für Kinder finden Sie in den Literaturempfehlungen.

Es ist zu beachten, dass sich nicht für jedes Kind die gleichen Strategien eignen. Gerade bei Entspannungsübungen reagieren einige FASD-Kinder unruhig, verunsichert oder sogar aggressiv.

Regelmäßige Ruhepausen verbessern die Konzentrationsfähigkeit von Kindern mit FASD.

Neben Ruhe und Entspannung benötigen viele Kinder mit FASD regelmäßige Bewegungspausen. Der Bewegungsdrang der Kinder mit FASD hat physiologische Gründe und ist damit für die Kinder selbst schwer kontrollierbar. Es ist daher besser, den Kindern regelmäßige Bewegung zum Energieabbau zu erlauben und nicht darauf zu bestehen, dass sie die gesamte Schulstunde still am Platz sitzen. Wenn sich das Kind bei Bedarf einige Minuten auf dem Schulhof bewegen und austoben kann, wird es sich anschließend wieder mit höherer Konzentration auf den Unterricht einlassen können. In einem separaten Bereich kann auch ein Boxsack aufgehängt werden. Boxen ist für viele Kinder ein idealer Stress-Killer.

Falls weniger Zeit und Platz zur Verfügung steht, kann die Lehrerin auch folgende Übung zum Stress-Abbau im Klassenzimmer durchführen: Das Kind schiebt den Stuhl zur Seite. Es stellt sich mit ausreichend Platz um sich herum auf. Es schüttelt den ganzen Körper einmal kräftig aus, Beine und Arme besonders. Dann atmet das Kind locker durch die Nase ein und durch den Mund wieder aus. Mit dem nächsten Einatmen zieht das Kind die Schultern nach oben und lässt diese mit dem Ausatmen locker wieder fallen. Das kann einige Male wiederholt werden – jedoch nicht zu lange. Am Ende wird das kräftige Ausschütteln wiederholt.

Hat das FASD-Kind Schwierigkeiten, ruhig auf dem Stuhl zu sitzen, hilft ein dünnes Stuhlkissen aus Kirschkernen o.ä., auf dem sich das Kind immer wieder leicht hin und her bewegen kann. Energie lässt sich auch über die Hände abbauen. So hilft ein Knautschball, der eine ständige taktile Stimulation bietet, dabei, dass sich das Kind auf die Aufgabe konzentrieren kann.

Viele Kinder mit FASD haben ein enormes Bewegungsbedürfnis. Deswegen sollten regelmäßige Bewegungspausen in den Schulalltag integriert sein.

Für mögliche Überforderungssituationen kann die Lehrkraft mit dem Kind ein Signal vereinbaren. Es sollte vorab gemeinsam besprochen werden, was im Fall einer Überforderung geschieht (z. B. eine Auszeit in der Ruhe-Ecke, eine Aufgabe in einem separaten Raum lösen). Werden die Kinder in solche Entscheidungen eingebunden, trägt dies zudem zur Befriedigung des Bedürfnisses nach Anerkennung und Selbstbestimmung bei.

Wichtig ist, dass ein Rückzug oder eine Auszeit dem Kind erlaubt, sich zu sammeln, und daher nicht als Strafe für falsches Verhalten genutzt werden sollte.

Abschließend sei nochmals darauf hingewiesen, dass die Kinder explizit und regelmäßig an vitale Bedürfnisse wie Toilettengänge, Trinken und geeignete Kleidung erinnert werden. Kinder mit FASD können diese oftmals nicht selber erkennen.

Kurzgefasst

- Das Bedürfnis nach Erholung und Pausen sollte rechtzeitig erkannt werden.
- Erholungspausen sollten umgesetzt werden, z.B. mit Kopfhörern, in einer Ruhe-Ecke, mit einer gesonderten Aufgabe oder mit der Erlaubnis, sich kurz auf dem Schulhof zu bewegen.
- Die Lehrkraft sollte das Kind regelmäßig an seine Vitalbedürfnisse erinnern, z. B. an Toilettengänge, an das Anziehen warmer Kleidung oder an regelmäßiges Trinken.

3.9 Das Wichtigste auf den Punkt gebracht

- Das Verhalten des Kindes zu verstehen und richtig zu deuten, ist eine unabdingbare Grundlage für notwendige Anpassungen der Umgebung und einen sicheren Umgang mit dem Kind selbst.
- Bei Kindern mit FASD ist es besonders wichtig, Überforderungen zu vermeiden, ihre Ressourcen zu stärken, kleine Schritte zu gehen und diese positiv zu belegen.
- Eltern liefern Lehrern im Hinblick auf das FASD-Kind wertvolle Informationen. Keiner kennt das Kind besser. Es hilft dem Kind, wenn alle es unterrichtenden Lehrkräfte sowie seine Mitschüler grundlegend über FASD aufgeklärt sind.
- FASD-Kindern fehlt oftmals die innere Struktur zur Koordination ihrer Handlungen. Demnach ist es besonders wichtig für diese Kinder, dass sie äußere Struktur und Beständigkeit erfahren. Eine klare Struktur im schulischen Alltag, die Vorhersehbarkeit im Ablauf, Reizarmut im Klassenraum sowie feste Bezugspersonen geben dem Kind Sicherheit und Orientierung.
- Um das individuelle Potenzial von FASD-Kindern optimal zu fördern, sollten Unterrichtsmethoden angepasst werden. Mit vielfältigen Lernmethoden können möglichst viele Sinne des Kindes angeprochen werden.
- Im Umgang mit FASD-Kindern sind Geduld und Ausdauer wichtig für alle Beteiligten. Lerninhalte, Aufgabenstellungen, Tagesabläufe und Regeln müssen stetig wiederholt werden.

»Viele Dinge erscheinen unmöglich, bis man sie möglich gemacht hat.« Ansprache von Barack Obama. (© ernergyy, Istock)

4. Erfahrungsberichte

Die folgenden drei Erfahrungsberichte geben aus jeweils unterschiedlichen Perspektiven authentische Einblicke in das Erleben von Menschen, die von FASD betroffen oder mitbetroffen sind.

4.1 Erfahrungsbericht einer Schulleiterin

»Die Schule sollte vor allem dazu beitragen, betroffene Kinder bestmöglich auf das Leben vorzubereiten!«

Erfahrungen von Marei Wedemeyer, Schulleiterin

Seit vielen Jahren arbeite ich nun schon im förderschulischen Bereich. Nachdem ich an einer Schule für Erziehungshilfe tätig war, habe ich dann an einer Schule im hörgeschädigten Bereich unterrichtet. Seit über zwei Jahren arbeite ich nun als Schulleiterin an einer Schule für Kranke. Im Laufe meiner jahrelangen Tätigkeit als Lehrerin hatte ich immer mal wieder Kontakt mit Kindern mit der Diagnose einer Fetalen Alkoholspektrum-Störung (FASD). Allerdings schätze ich die Dunkelziffer der Kinder, bei denen eine vorhandene FASD (noch) nicht diagnostiziert wurde, viel höher ein. Es ist nun mal eine verdeckte Behinderung. Aber nicht nur die Diagnosestellung an sich ist schwierig, sondern auch der Umgang mit den betroffenen Kindern im schulischen Alltag. Ich kriege um mich herum immer wieder mit, dass das sowohl Mitschüler als auch Kollegen oft als problematisch und belastend wahrnehmen.

Immer hieß es: »Deine Sandra* hat mal wieder …«

In diesem Zusammenhang fällt mir immer wieder ein Mädchen mit FASD ein, das ich jahrelang begleitet habe – nennen wir es Sandra. Es hat mich oft sehr traurig gemacht, wenn Kollegen oder Kolleginnen seufzend oder schulterzuckend über diese Schülerin erzählten: »Deine Sandra hat mal wieder …« Das heißt, es tauchten immer wieder die gleichen Probleme auf. Mal hatte sich Sandra nicht an Regeln gehalten, mal hatte sie sich von anderen Kindern dazu verleiten lassen, eine Dummheit anzustellen. Immer wieder wurde die Situation daraufhin mit ihr besprochen. Ihr wurde erklärt, warum ihr Verhalten nicht richtig war und wie sie es beim nächsten Mal besser machen könnte. Doch bereits am nächsten Tag war genau das Gleiche wieder vorgefallen. Nicht aus Boshaftigkeit oder Ignoranz – nein, ganz einfach, weil Sandra den Vorfall und die damit einhergehenden Konsequenzen vom Tag zuvor vergessen hatte.

Im Laufe der Zeit habe ich immer wieder festgestellt, dass Kinder mit FASD sehr leicht beeinflussbar sind und sich schnell zu allem Möglichen verleiten lassen. Das war auch bei Sandra so. Die anderen Kinder bekommen diese Schwäche schnell mit und nutzen sie natürlich in ihrem kindlichen Handeln unbewusst immer wieder aus, um eigene Belange durchzusetzen. Hinzu kommt meiner Erfahrung nach, dass Schülerinnen und Schüler mit FASD ein sehr ausgeprägtes Bedürfnis danach haben, dazuzugehören. Sie gehen daher naiv »jedes Risiko« ein, um von den anderen Kindern gemocht und anerkannt zu werden. Ich erinnere mich an einen Tag, an dem Sandra erfahren hat, dass sie nicht zu einem Geburtstag eingeladen war. Das hat sie völlig verstört. Sie war den gesamten Tag todtraurig und konnte an nichts Anderes denken oder sich anderen Dingen und Menschen zuwenden.

Wir Lehrerinnen und Lehrer brauchen Basiswissen zu FASD

Dadurch, dass die meisten Kinder mit FASD äußerlich unauffällig sind und auf den ersten Blick normal entwickelt zu sein scheinen, schätzt man ihre Fähigkeiten leicht falsch ein. Ich denke, auch das macht den Umgang mit ihnen teilweise schwer. Im schulischen Alltag tauchen schnell Gedanken auf wie: »Das müsste sie aber doch jetzt können!« Deswegen erachte ich regelmäßige Aufklärungsarbeit als unabdingbar. Ich betone meinen Kolleginnen und Kollegen gegenüber immer wieder, dass sich die Kinder nicht so verhalten, um uns Lehrer zu ärgern. Sie können einfach nicht anders! Ihr »schwieriges« Verhalten ist Teil ihrer Behinderung, man darf es unter keinen Umständen persönlich nehmen. Aber auch unabhängig von individuellen Fällen stelle ich immer wieder fest, dass das Wissen über FASD – gerade unter Lehrerinnen und Lehrern – leider zu wenig verbreitet ist. Da sollte generell mehr Aufklärungsarbeit geleistet werden, auch in der Aus- und Fortbildung von Lehrkräften. Es wäre wünschenswert, dass alle pädagogischen Fachkräfte ein solides Basiswissen dazu haben, was FASD wirklich bedeutet und welche Konsequenzen so ein Krankheitsbild sowohl im Verhalten als auch im Bereich der Wissensvermittlung mit sich bringt.

Jeder Jeck ist anders: Kinder mit FASD haben besondere Bedürfnisse

Der Umgang mit FASD-Kindern in der Schule erfordert wirklich viel Geduld und eine große Ausdauer. An einer Schule mit Förderschwerpunkt gelten für jedes Kind – je nach individueller Beeinträchtigung – andere Regeln. Doch nach meiner Erfahrung benötigen Kinder mit FASD im Vergleich zu anderen Kindern besondere Aufmerksamkeit. Für sie müssen individuelle Lösungen gefunden und besondere Möglichkeiten entwickelt werden, um für sie den Schulalltag so gut es geht zu gestalten. So habe ich die Erfahrung gemacht, dass eine kleine Klassengröße sehr wichtig ist. In einer normalen Klasse mit ca. 30 Schülern würden die meisten Kinder mit FASD nicht zurechtkommen. Außerdem bieten wir den Kindern mit FASD verschiedene Sitzoptionen an. So haben sie die Möglichkeit neben einem normalen Stuhl auch noch einen beweglichen Hocker oder ein Sitzkissen zu nutzen. Auch genug Pausen sind wichtig! Immer wieder baue ich in den Unterricht Bewegungspausen ein. Dann sollen die Kinder nach einer erledigten Aufgabe auf dem Schulhof einfach mal eine Runde rennen. Dabei ist es manchmal auch gar nicht so leicht, die Bedürfnisse von FASD-Kindern mit denen der anderen Schülerinnen und Schüler in Einklang zu bringen. Immer wieder muss man beispielsweise den anderen Kindern erklären, warum Kinder mit FASD besonders viele kurze Pausen benötigen und ihrem Bewegungsdrang häufiger nachkommen dürfen. Oft heißt es nämlich: »Warum darf der jetzt wieder aufstehen? Ich will auch aufstehen!« Dann versuche ich zu erklären, dass jeder »Jeck« anders ist und dadurch auch unterschiedliche Bedürfnisse hat. Das funktioniert mal besser und mal schlechter …

Kinder mit FASD benötigen individuelle Lernangebote

Im Unterricht mit FASD-Kindern habe ich mir angewöhnt, nur kurze Aufgaben vorzulegen. Wenn beispielsweise die anderen Kinder ein ganzes Blatt mit Aufgaben erhalten, knicke ich die einzelnen Aufgaben auf den Arbeitsblättern bei FASD-Kindern einfach um. Das war auch bei Sandra hilfreich. Denn sobald sie den Eindruck hatte, dass zu viel von ihr erwartet wird, konnte sie sich den Aufgaben gar nicht mehr widmen. In kleineren Schritten war es ihr hingegen möglich, weil sie sich nicht sofort überfordert fühlte. Andere Kollegen lösen das auch, indem sie die verschiedenen Aufgaben auf jeweils ein Blatt kopieren. Darüber hinaus stelle ich auch oft fest, dass Kinder mit FASD dem Unterricht leichter folgen können, wenn gleichzeitig zum Gesprochenen auch visualisiert wird. Sei es, dass mit den Händen gestikuliert, zusätzlich etwas an die Tafel gemalt wird oder anhand von Gegenständen Inhalte zusätzlich erläutert werden. Hilfreich ist es weiterhin, in kurzen und klaren Sätzen zu sprechen, etwa bei der Beschreibung von Aufgabenstellungen.

Im Unterrichtsalltag sind für Kinder mit FASD klare Strukturen und Abläufe besonders wichtig. Hingegen sind Änderungen von Strukturen und Abläufen für die betroffenen Kinder schwer zu ertragen. Kurze Unterrichtseinheiten, die sich ggf. ausreichend oft wiederholen, erleichtern das Lernen. Doch selbst unter optimalen Lernbedingungen stößt man manchmal an Grenzen. Ich erinnere mich gut daran, wie Sandra das Einmaleins immer und immer wieder geübt hat. Sie brauchte sehr lange dafür, aber sie hatte Erfolg! Nach dieser Unterrichtseinheit beherrschte sie das Einmaleins einwandfrei, worauf sie sehr stolz war. Doch anschließend folgte die nächste Unterrichtseinheit, nach deren Beendigung sie nicht mehr in der Lage war, das zuvor so gut und hart Erarbeitete abzurufen. Das war natürlich sehr frustrierend für sie – aber auch für mich! Es tut mir dann einfach sehr leid für das Kind, weil es doch besonders hart gearbeitet hat, sich etwas Neues anzueignen.

In der Schule werden die Weichen für das spätere Leben gestellt

Das primäre Ziel einer Regelschule ist natürlich die Vermittlung von Wissen an die Kinder. Für mich persönlich war und ist Wissensvermittlung auch in einer Förderschule wichtig, aber man muss schulische Lernangebote auch noch aus einem anderen Blickwinkel betrachten. Dabei stelle ich mir auch die Frage: Was braucht z. B. ein von FASD betroffenes Kind später als Erwachsener? Was fällt ihm heute besonders schwer, und wo könnte es später anecken? Was kann ihm die Schule für sein späteres Leben mitgeben? Diese Aspekte sind meiner Meinung nach mindestens ebenso wichtig wie die reine Wissensvermittlung. Deswegen sehe ich eine besondere Verantwortung darin, den Kindern hilfreiche Abläufe und Strukturen mit auf den Weg zu geben. Indem die Kinder ihr soziales Verhalten erproben und nützliche Strategien erlernen, werden sie fit für das Leben nach der Schulzeit. Da müssen sie im Alltag funktionieren, müssen sich Abläufe und Strukturen angeeignet haben und diese befolgen. In der Schule werden – gerade auch für von FASD betroffene Kinder – in unterschiedlichen Lernbereichen die Weichen für das spätere Leben gestellt. Ich möchte die Kinder und Jugendlichen bestmöglich auf all das vorbereiten.

Neben der Schule ist auch das Elternhaus ein zentraler Lebens- und Entwicklungsbereich für Kinder. Das gilt natürlich auch für FASD-Kinder. Wir Lehrkräfte müssen uns immer wieder klar machen, dass die Kinder sich ja in der Schule ebenso schwierig wie im häuslichen Umfeld verhalten. Ich erlebe immer wieder (Pflege-)Familien, welche wirklich sehr bemüht sind und alles geben. Die (Pflege-)Eltern sind dabei jedoch oft maximal belastet. Ich halte es im Rahmen der Elternarbeit daher neben der bestmöglichen Unterstützung für die Kinder auch für wichtig, gemeinsam zu schauen, wie die Elternhäuser entlastet werden können. Es muss daher – in Absprache mit den Eltern – nicht jeder Vorfall in der Schule auch an die Eltern weitergegeben werden. Es kann auch entlastend sein, die Hausaufgabensituation zu entschärfen.

Zukunftswünsche

Für die Zukunft würde ich mir Schulbegleiter wünschen, die speziell für das Krankheitsbild FASD ausgebildet sind und den Kindern in ihrem Alltag unterstützend zur Seite stehen. Sie wären damit wirklich nah und kontinuierlich dran am Kind und könnten als Fürsprecher für die Schüler fungieren – und damit auch die Lehrkräfte und Klassengemeinschaft entlasten. Dennoch bin ich mir aber auch der Nachteile einer solchen Schulbegleitung bewusst. Wenn immer ein Erwachsener dabeisitzt, ist das für die Kinder und Jugendlichen sicher auch nicht immer so toll.

Wünschenswert finde ich auch mehr Schulen mit kleinen Lerngruppen, davon gibt es leider bisher zu wenig. Und gerade diese sind für Kinder mit FASD wirklich gewinnbringend, ebenso wie ausreichend Pausen und Bewegungsräume. In meiner Fantasie bräuchte es gerade für Kinder mit FASD eine Schule mit einem riesigen Bauspielplatz, der genügend Platz bietet und dem Bewegungsdrang der Kinder entspricht. Hier könnten sie spielend lernen. Und besonders für ältere Kinder und Jugendliche wünsche ich mir im Rahmen der Schule mehr Lernmöglichkeiten, um den Übergang von der Schulzeit ins Erwachsenleben vorzubereiten. An einer früheren Schule gab es beispielsweise eine Einrichtung, welche einem Catering ähnelt. Die Schüler richten z. B. Buffets in Förderschulzentren an. Hier wird ein Umfeld geschaffen, in dem sie Verantwortung übernehmen und Aufgaben eigenständig erledigen müssen, was den Kindern Freude bereitet und hilfreich für ihre persönliche Entwicklung ist.

(Aufgezeichnet von Laura Lüders)
**Name wurde geändert.*

4.2 Erfahrungsbericht einer Plege-/Adoptivmutter

»In der Schule sollten die Kinder ohne Druck lernen dürfen und nur das leisten müssen, was sie können.«

Erfahrungen von Michaela Müller*, Pflege-/Adoptivmutter

Ich habe acht Kinder, drei eigene und fünf Pflege- bzw. Adoptivkinder. Bei zwei meiner angenommenen Kinder wurde FASD diagnostiziert. Bei einem weiteren Pflegesohn nehme ich stark an, dass er ebenfalls FASD hat, aber eine Diagnose steht noch aus. Wir wohnen in einem Dorf. Jeder kennt jeden. Das macht sicher vieles einfacher. Von anderen Pflegeeltern höre ich oft, wie schwer es ihre FASD-Kinder haben, z. B., weil man ihnen ablehnend begegnet. Bei uns ist es eher andersherum: Es wird »verschönt«, die Kinder werden in Schutz genommen. Was sich manchmal nicht besser anfühlt!

Das Krankheitsbild wird oft nicht ernst genommen

Bei unserem kleinen Pflegesohn mit FASD, nennen wir ihn Leo, steht jetzt die Einschulung an. Da geht das Desaster schon im Kindergarten los. Er hat eine geistige Behinderung von 80 Prozent, damit gilt er als schwerbehindert. Die Erzieherinnen im Kindergarten schützen ihn, sie lieben ihn – das ist wunderbar, aber dabei blenden sie seine speziellen Defizite aus. Ich habe den Eindruck, sie wollen das besondere Krankheitsbild FASD und die Konsequenzen nicht sehen – oder vielleicht wissen sie einfach auch zu wenig darüber. Jedenfalls wollte uns der Kindergarten in der Vergangenheit einreden, dass Leo in eine normale Regelschule mit Inklusion gehen könnte – also eine sogenannte Integrationsschule, wo nichtbehinderte und behinderte Kinder gemeinsam unterrichtet werden. Was ich bezweifle! Ich habe immer gesagt: »Ihr müsst ehrlich sein zu uns, wir treffen sonst die falschen Entscheidungen!«, z. B. auf welche Schule er gehen soll. Wo würden falsche Entscheidungen hinführen? Mir ist es wichtig, dass er in der Schule einen Raum findet, in dem er sich festigen kann. Ich sehe Leo einfach nicht in einer normalen Integrationsschule. Er würde es einfach nicht schaffen.

Ich habe den Eindruck, FASD wird manchmal nicht ernst genommen, vielleicht auch, weil man die Behinderung der Kinder nicht direkt von außen sieht. Außenstehende denken schnell, die Kinder werden schon den »normalen« Weg gehen, sie werden schon irgendwann alles können, was sie können müssen für ihr Alter. Ich wünsche mir da mehr Verständnis. Die Kinder sollen einfach so genommen werden, wie sie sind. Es soll nichts beschönigt oder verharmlost werden. Einmal habe ich eine der Erzieherinnen extra zu einer Fortbildung zum Thema FASD mitgenommen, und ich habe ihr das Gutachten des Arztes gezeigt. Als Antwort kam nur: »Also, das kann ich alles nicht glauben und sehe das auch anders.« Ich frage mich dann, warum dieses Krankheitsbild nicht ernstgenommen wird? Warum sollen Kinder mit FASD unbedingt in derselben Schiene fahren, wie andere, gesunde, Kinder? Sie sind nun mal anders – auch wenn man es ihnen nicht ansieht. Hier muss noch sehr viel Aufklärungsarbeit geleistet werden! FASD und die Folgen müssen weiter publik gemacht werden.

Inklusion ist meiner Meinung nach ein sehr wertvoller Ansatz – aber nicht für alle Kinder mit einer Behinderung. Leo z. B. würde in einer normalen Integrationsschule zerbrechen. Ich glaube, er würde keine Erfolge erleben und permanent frustriert sein. Das wäre eine Katastrophe! Mir würde es doch ganz ähnlich gehen. Wenn nichts von dem klappt, was ich anpacke. Da wäre ich auch frustriert. So versuche ich, das stetig meinem Umfeld zu erläutern. Leo kann sich nicht mal 45 Minuten am Stück konzentrieren, wie soll er das dann in der Schule schaffen? Er geht zwar drei Schritte vor, aber immer wieder auch zwei zurück. Wie soll das aufgefangen werden? Mittlerweile haben wir extra nochmal mit der Ergotherapeutin und einer Logopädin gesprochen, und wir sind uns jetzt endlich alle einig, dass Leo auf einer Schule für geistig behinderte Kinder besser aufgehoben ist. Diese Schule ist wirklich toll. Da wird alles individuell angepasst. Dort sehe ich wirklich gute Chancen für meinen kleinen Leo.

Er kann in seinem Tempo lernen

Wenn er z. B. im Bereich Lesen sehr gut ist, dann wird er in diesem Fach mit Kindern zusammen sein und lernen, die auf seinem Level sind. Das wird alle sechs Monate angepasst und genau abgeglichen – vor allem mit den Bedürfnissen des Kindes. Es ist mir so wichtig, regelmäßig hinzuschauen, was Leo wirklich braucht. Die Schule bietet den Kindern kleine Klassen von etwa sechs Schülern. Das ist wichtig, er wird so nicht abgelenkt durch zu viele Reize. Hier kann er auch seinem extrem starken Bewegungsdrang nachkommen. Es wird extra viel Sport angeboten. Sie tanzen dort, sie springen Trampolin, sie schwimmen und reiten mit den Kindern.

Ich möchte nicht, dass Leo durch ständigen Druck und permanente Frustration später womöglich straffällig oder depressiv wird. Das hört man ja häufiger von Kindern mit FASD. Er ist bisher sehr auffällig und laut. Die anderen Kinder verstehen oft nicht, dass Leo anders ist und warum er sich so verhält, wie er es tut. Er ist oft ganz traurig, was mir sehr weh tut. Ich freue mich, wenn die Einschulung endlich stattgefunden hat und er auf die neue Schule kommt. Dort wird er besser verstanden, da bin ich mir sicher. Ich hoffe sehr, dass er da glücklich wird!

Wichtig: Individuell auf die Bedürfnisse und Fähigkeiten der Kinder eingehen

Bei unserem zweiten FASD-Pflegekind, wir nennen ihn Robin, wussten wir zu Beginn der Grundschule noch nicht, dass er FASD hat. Er ist geistig nicht so stark behindert wie Leo. Aber er hat sehr gelitten unter der Schule! Jeden Tag kam er frustriert nach Hause. Ich habe damals mit der Lehrerin gesprochen und gefordert, dass er eine Klasse wiederholt. Immer wieder habe ich gesagt, dass er überfordert ist. Ich wollte, dass er nur noch das leisten muss, was er auch leisten kann. Die Lehrerin, die sicher die besten Absichten hatte, wollte aber unbedingt daran festhalten, dass er es schaffen kann –

wieso auch nicht, er wirkt doch auf den ersten Blick »normal«, wie alle anderen Kinder auch. Doch erst als ich dann den offiziellen Antrag gestellt hatte, wurde er zurückgeschult. Für ihn war das wirklich die beste Entscheidung!

Als bei Robin die Diagnose FASD feststand, stieß ich auf offene Ohren bei seiner neuen Lehrerin, welche selbst ein Kind angenommen hat und mit der Problematik vertraut ist. Sie geht wirklich auf ihn ein: Er sitzt in der ersten Reihe, hat immer Blickkontakt zur Lehrerin und muss nicht alles so schnell bearbeiten wie die anderen Kinder. Die Klasse hat 22 Kinder, und er bekommt wirklich viel Aufmerksamkeit. Aufgaben werden durch seinen vorhandenen Nachteilsausgleich angepasst. Gedichte werden halbiert. Anders geht es auch nicht. Wenn wir es auswendig lernen und bei der zweiten Strophe angekommen sind, hat er die erste wieder vergessen. Lernt er in der einen Unterrichtseinheit Addieren und Subtrahieren, dann hat er das nach der nächsten Unterrichtseinheit, in der es um Multiplizieren und Dividieren geht, wieder vergessen. Umdenken ist ein großes Problem für FASD-Kinder. Lehrer brauchen da wirklich viel Geduld. Kinder mit FASD vergessen viel. Immer noch vergisst er, nach einem Punkt wieder mit einem Großbuchstaben zu beginnen.

Die Kinder sollen sich auch nicht selbst unter Druck setzen

Robin ist im Gegensatz zu Leo immer sehr unauffällig, ruhig und lieb. Er hat ein tolles Sozialverhalten in der Schule. Das Problem ist aber, dass er ehrgeizig ist und stets mithalten will, er setzt sich seine eigenen Ziele sehr hoch, obwohl es keiner von ihm erwartet. Wenn er dann zu Hause ist und sein Mittagessen pünktlich auf dem Tisch steht – es muss nämlich alles immer im gleichen Ablauf erfolgen – dann ist danach nicht mehr viel mit ihm anzufangen. Er hat dann einfach keine Energie mehr. Kriegt sich nicht sortiert.

Seine Hausaufgaben erledigen wir zusammen. Ich helfe ihm dabei sehr. Das habe ich aber mit den Lehrern alles genau abgesprochen. Er findet keinen Anfang, ich sortiere ihm extra immer alles vor, lege es bereit und geordnet auf den Tisch, und trotzdem gibt es dann noch eine Viertelstunde Überlegungen, wie und wo wir anfangen. Zu Hause fragt er mich oft, warum er so ist. Wir reden über die FASD-Thematik ganz offen. Ich habe ihm vor kurzem meine Zeugnisse gezeigt, damit er auch mal sieht, dass man nicht immer nur gute Noten schreiben kann, sondern es auch völlig in Ordnung und normal ist, auch mal schlechte Noten auf dem Zeugnis zu haben.

Ich bin noch etwas in Sorge, wie sich das alles an der weiterführenden Schule entwickeln wird. Er wird nun eine reguläre Gesamtschule besuchen. Das hat er sich insbesondere wegen seiner Freunde so gewünscht. Ich habe Magenkneifen! Wir haben mit der Schule bereits Gespräche geführt, und ich habe eingehend das Krankheitsbild von Robin geschildert. Auch hier kennen wir uns alle. Er ist unser siebtes Kind, welches diese Schule besucht. Es wurde vereinbart, dass auch hier der Nachteilsausgleich berücksichtigt wird, indem er vereinfachte Lernmaterialien zur Verfügung gestellt bekommt. Gut gefällt mir auch, dass in dieser Schule seit ca. drei Jahren in der Klasse zwei Lehrer gemeinsam unterrichten. Wenn nun die Lehrer feststehen, die Robin unterrichten werden, dann werde ich auch nochmal gezielt das Gespräch suchen und über FASD und die Konsequenzen informieren. Denn viele Lehrkräfte an Regelschulen wissen hierzu leider sehr wenig. Ich möchte seinen Lehrern erklären, auf was sie zu achten haben im Umgang mit Robin. Alles andere wäre nicht gut für ihn, dann würde er ausbrechen, frustriert und aggressiv werden. Diese Erfahrung haben wir mit ihm bereits gemacht.

Was ich mir von Schulen und Lehrern wünsche, ist Offenheit und Verständnis

Die weiterführende Gesamtschule hat bisher aufgeschlossen reagiert. Die FASD-Problematik war nicht wirklich bekannt, aber wenigstens besteht Offenheit und Interesse für das Krankheitsbild. Mir ist wichtig, dass FASD-Kinder in der Schule so wahrgenommen werden sollen, wie sie sind. Mit ihren speziellen Bedürfnissen und Fähigkeiten. Nicht nur defizitorientiert, aber auch nicht »verschönt«. Die Kinder sollen in einem verständnisvollen und strukturierten Rahmen groß werden dürfen, wo man um das Krankheitsbild weiß und auf die Bedürfnisse der Kinder eingeht. Sie sollen sich in ihrem Tempo entwickeln dürfen. Es ist mir so wichtig, dass die Kinder nicht überfordert werden. Darauf achte ich extrem und bespreche es immer wieder mit den Lehrern. Mir tut es persönlich weh, wenn ich sehe: Meine Kinder können nicht mehr, sie übernehmen sich. Ich wünsche mir, dass den Kindern der Druck genommen wird, man die Grenzen rechtzeitig erkennt und sie nicht in ihre eigenen Überforderungen hineinlaufen lässt. Wenn meine Kinder im Leben weiterkommen sollen, dann weiß ich, dass das nur funktioniert, wenn sie das leisten, was sie können, und wenn sie ohne Druck aufwachsen können.

Ich finde übrigens auch, die Thematik müsste immer wieder bei Elternabenden offen besprochen werden. Gerade, wenn man sich nicht sowieso kennt wie bei uns auf dem Dorf. Auch unter Mitschülern ist Offenheit wichtig. Es muss allen bekannt sein, es darf kein Tabuthema sein. Die Kinder dürfen nicht abgestempelt werden. Ich erzähle es bei uns überall. Die Kinder werden in unserem Dorf dadurch liebevoll integriert. Das muss doch auch in größeren Städten möglich sein.

Verständnis entsteht durch Wissen

Meine Erfahrungen haben mich gelehrt, wie enorm wichtig Wissen über FASD und über die Konsequenzen dieser Behinderung ist. Daraus erst kann dann auch das Verständnis für die betroffenen Kinder wachsen, welches den Umgang für alle Beteiligten erleichtert. Damit kann man nicht früh genug anfangen! Deswegen verstehe ich auch nicht, warum im Rahmen des Sexualkundeunterrichts, welcher bei unseren Kindern schon in der vierten Klasse stattfindet, nicht angesprochen wird, was während der Schwangerschaft erlaubt ist und was nicht. Warum lernen die Kinder nicht, welche Konsequenzen Alkohol in der Schwangerschaft hat?

Mir ist noch wichtig zu sagen, dass FASD-Kinder ganz wunderbare Kinder sind. Sie sind nicht böse. Sie können nicht anders. Das habe ich immer im Kopf. Diese Kinder sind besonders, auch wenn es nicht immer einfach ist. Sie geben so viel zurück. Wir überlegen, noch ein weiteres FASD-Kind aufzunehmen. Wir Eltern müssen doch nur darauf achten, dass unsere Kinder glücklich und zufrieden sind. Wenn sie glücklich aufwachsen, dann haben wir vielleicht bessere Chancen, dass sie auch später einfacher durchs Leben kommen. Das ist doch bei allen Kindern so! Wir müssen ihnen den bestmöglichen Weg in ein selbstbestimmtes Leben ebnen.

(Aufgezeichnet von Laura Lüders)
**Name wurde geändert.*

4.3 Erfahrungsbericht einer FASD-Betroffenen

»Ein strukturierter Schulalltag mit wenigen Reizen war wichtig für mich.«

Erfahrungen von Svenja Schubert*, FASD-Betroffene

Die Diagnose FASD habe ich offiziell erst seit meinem 18. Lebensjahr. Heute bin ich 23 Jahre alt. Vorher wurde vermutet, dass ich ADHS habe. FASD ist ja auch noch gar nicht so lange bekannt. Dass meine Mutter während der Schwangerschaft getrunken hat, wusste ich bis zum Zeitpunkt der Diagnose auch nicht. Für mich war es eine Erleichterung, zu erfahren, dass ich FASD habe. Da hat endlich einiges Sinn gemacht, und vieles hat dann wie ein Puzzle für mich zusammengepasst.

Bis ich sechs Jahre alt war, habe ich bei meinen leiblichen Eltern gewohnt. Danach habe ich 13 Jahre in einer Wohngruppe gewohnt. Erst habe ich eine Regelgrundschule besucht. Nach der Grundschule war ich dann auf einer Förderschule für geistig und körperlich behinderte Menschen. Ich erinnere mich gut daran, dass ich schon in der Grundschule viele Schwierigkeiten hatte. Meine Konzentration war viel schwächer als bei den anderen Kindern. Mir waren es immer zu viele Reize in der Schule. Die vielen Mitschüler, die Lautstärke, der viel zu hohe Druck, alles schaffen zu müssen, und die ganzen Konflikte, die es immer wieder mit Lehrern und Mitschülern gab – das alles war nicht einfach für mich.

Ich habe früh gemerkt, dass ich anders bin

Vor allem mit meinen Mitschülern bin ich ständig aneinandergeraten. Freundschaften waren sehr schwierig für mich. Es gab wirklich unglaublich viele Konflikte. Ich war einfach anders.

Das Lernen fiel mir schwer. Ich konnte mich einfach nicht konzentrieren und fühlte mich oft total überfordert. Ich musste Aufgaben zu schnell erledigen und konnte mit meiner Aufmerksamkeit nicht bei einem Punkt bzw. meiner eigentlichen Aufgabe bleiben. Wie sollte ich das auch? Überall waren so viele Reize um mich herum, die mich fast wahnsinnig gemacht haben! Deswegen bin ich in der Schule auch regelmäßig ausgerastet und hatte einfach meine Aussetzer.

Zum Glück hatte ich dann irgendwann einen Schulbegleiter, der mich im Schulalltag unterstützt und mir durch den ganzen Tag geholfen hat. Das war auch wirklich gut. Aber trotzdem habe ich immer wieder gemerkt, dass das in der normalen Grundschule alles zu schwierig für mich war. Ich war einfach nicht in der Lage, den Lernstoff zu schaffen, der von mir verlangt wurde. Oft war ich deswegen traurig und frustriert.

In der Grundschule waren mir die ganzen Reize zu viel

Besonders der Klassenraum war mir viel zu voll mit Dingen und Farben. Überall stand oder hing etwas, was ich vorher noch nie gesehen hatte. Das Chaos in der Klasse war dann auf einmal in meinem Kopf. Und dann konnte ich mich nicht mehr darauf konzentrieren, was ich überhaupt machen sollte.

In der neuen Förderschule war es anders. In der Klasse waren zwar gar nicht mal so viel weniger Schüler, aber die Lehrer und Helfer waren auf geistige und körperliche Behinderungen spezialisiert. Und deswegen konnten sie eben besser mit »schwierigen Fällen« umgehen. Diese Schule war für mich jedenfalls ein Riesenunterschied und eine Erleichterung. Auf einmal war ich nicht mehr anders, sondern gehörte dazu. Das hat sich für mich direkt viel besser angefühlt!

Im Klassenraum haben die Lehrer darauf geachtet, dass mein Tisch, also mein Arbeitsplatz, geordnet und leer ist. Ich konnte mich immer zurückziehen, wenn ich mal Ruhe brauchte. Das war wichtig, damit ich nicht immer so viel Trubel und Reize um mich herum hatte. Außerdem war es sehr gut für mich, dass der Tag an dieser Schule immer gleich verlief. Es gab wirklich wenige Ausnahmen oder Änderungen. Eine Struktur und ein gleicher Ablauf haben mir immer besonders gut geholfen. Ich brauchte und brauche einen geregelten Tag und Ordnung. Immer, wenn sich etwas spontan geändert hat, konnte ich mich auf nichts mehr konzentrieren.

Ohne zu starken Druck ging es mir besser

In der Förderschule war der Druck nicht so hoch. Wir hatten z. B. auch keine Hausaufgaben zu erledigen. Dafür ging die Schule immer bis 16 Uhr, und wir haben dann dort zusammen mit den Lehrern noch Aufgaben erledigt und gemeinsam gelöst. Und wenn ich nicht alles geschafft habe – tja, dann war das eben so! Das war auch nicht so schlimm. Ohne den ständigen Druck, immer mithalten zu müssen und alles schaffen zu müssen, was von mir verlangt wurde, ging es mir viel besser. Ich habe mich wohler gefühlt und bin nicht mehr so oft frustriert gewesen.

Manchmal musste ich den Lehrern erklären, was mir guttut und was nicht. Ich hatte zwar damals noch keinen richtigen Namen für mein Anderssein, aber ich wusste schon immer genau, was ich da tue und was ich brauche, damit ich mich besser fühle. In den schwierigen Situationen selbst konnte ich das nicht gut äußern. Die Lehrer haben es aber immer gut erkannt und gesehen, wenn es mir gerade nicht mehr gut ging. Auch, wenn ich manchmal hibbelig war, haben sie das immer gesehen und gesagt: »Komm, Svenja, wir gehen mal kurz raus!« Dann durfte ich eine kurze Runde rennen. Oder wir haben über etwas gesprochen, was mich gerade beschäftigt hat. Das ist auch ein sehr wichtiger Punkt bei uns FASD-Betroffenen: Es passiert ganz viel in unserem Kopf. Wir machen uns immer sehr viele Gedanken. Das ist oft ein Riesendurcheinander im Kopf! Und wenn der Kopf nicht geordnet ist, dann kann auch alles drum herum und der Alltag nicht ordentlich laufen. Es hilft dann sehr, mit jemandem zu reden und alle Gedanken zu ordnen.

Gut war auch der enge Kontakt zwischen der Schule und meiner Wohngruppe. Wenn etwas schiefgelaufen ist, wussten beide direkt Bescheid. Auch, wenn ich an einem Tag etwas Spezielles brauchte, waren immer beide informiert. Das finde ich im Nachhinein auch sehr wichtig. Es gibt ja z. B. nicht nur die Schule, sondern auch die Zeit morgens vor der Schule. Wenn der Morgen zu Hause nicht gut lief, dann lief die Schule an dem Tag auch nicht gut. Für einen guten Schultag brauchte es – jedenfalls bei mir – einen glattlaufenden Morgen. Es war dann also gut, dass die Lehrer schon informiert waren, wenn das mal nicht geklappt hat. Dieser Austausch ist für uns FASD-Betroffene sehr wichtig, denn so entstehen weniger Missverständnisse.

Die Diagnose war für mich auch eine Bestätigung

Welche konkreten Erkrankungen die anderen Kinder in der Förderschule hatten, wusste ich eigentlich nicht. Auch wenn ich einige Kinder entdeckt habe, die ähnliche Verhaltensauffälligkeiten hatten wie ich. Aber so genau haben wir da auch gar nicht darüber gesprochen. Wir waren eben alle etwas anders. Warum, war doch nicht wichtig!

Zum Zeitpunkt, als ich die Diagnose FASD bekommen habe, war ich gar nicht mehr in der Schule. Da war ich im Kopf auch schon etwas weiter. Die Diagnose hat mir geholfen, noch erwachsener zu werden, weil ich endlich wusste, was ich genau habe und wie ich noch besser damit umgehen kann. Ich hatte dadurch endlich die Bestätigung »Es stimmt, dass etwas nicht stimmt!«. Durch die Diagnose wurde alles bestätigt, was ich all die Jahre hindurch erlebt hatte. Und die Beschäftigung damit hat mir gezeigt, dass ich doch schon gut selbst gelernt habe, was ich brauche.

Meine Vorstellungen von einer guten Schule

Als selbst Betroffene würde ich mir von der Schule wünschen, dass FASD noch bekannter wird und alle richtig darauf eingehen können. Es hilft, wenn die Lehrer ruhig und geduldig bleiben, viel Aufmerksamkeit schenken und den Schüler immer gut im Blick haben. Es soll darauf geachtet werden, dass die Kinder mit FASD so wenig Reize wie möglich haben, dazu gehört auch ein besonders aufgeräumter Arbeitsplatz, an dem sich das Kind wohlfühlen kann. Auch ein Platz in der ersten Reihe hilft, dass ein Kind mit FASD nicht immer abgelenkt wird. Die Kinder sollen sich wohlfühlen und wissen, dass sie immer aufstehen und sich bewegen können und dass sie ihre Gedanken loswerden können, wenn sie das möchten. Ein guter Austausch zwischen dem Zuhause und der Schule sollte immer stattfinden. Das ist für die ganze Umsetzung wichtig, weil jedes Kind ja anders ist.

Ich würde außerdem empfehlen, die Kinder mit FASD ein bisschen auf das Erwachsenwerden und das Leben nach der Schule vorzubereiten. Es ist wichtig, dabei zu bleiben und die Kinder zu begleiten, damit sie den Wechsel von der Schule ins Erwachsenenleben gut schaffen und immer gut aufgefangen werden können.

Ich selbst bin heute Schreinerin. Das macht mir Riesenspaß, und ich kann mich auspowern. Die Arbeit mit Holz hat mir schon damals in meiner Wohngruppe Spaß gemacht. Dort hatten wir einen Werkkeller, und da durfte ich immer helfen. Durch Kontakte meiner Betreuer wurde ich nun in einer Firma als Schreinerin eingesetzt und bin sehr glücklich!

(Aufgezeichnet von Laura Lüders)
**Name wurde geändert.*

5. Anregungen aus der klinischen Praxis

5.1 »Entscheidend ist die Haltung der Lehrkräfte« – FASD-Kinder und Schule aus der Perspektive der klinischen Praxis

Erfahrungen von Reinhold Feldmann, FASD-Ambulanz Walstedde

In der FASD-Ambulanz der Tagesklinik Walstedde bei Münster versorgt ein multiprofessionelles Team jährlich ca. 2000 Familien mit betroffenen Kindern. Neben der FASD-Diagnostik bekommt die Beratung und Begleitung der Familien immer mehr Gewicht. Sozialrechtliche Fragen müssen geklärt werden, alltagspraktische Lösungen sind gemeinsam zu finden, angemessene Bildungs- und Ausbildungswege sind zu erproben. Im Mittelpunkt unserer Beratung stehen oft die Erfahrungen der (Pflege-) Eltern mit ihrem FASD-Kind in der Schule. Guten Erfahrungen stehen unglückliche »Schulkarrieren« gegenüber, wenn die Schule das Kind überfordert – oder das Kind die Schule. Wir sehen Kinder mit FASD, die in der Schule von Mitschülern verspottet und ausgegrenzt oder vom Lehrer als »faul und frech« klassifiziert werden, ferner Schüler, die nur mit Bauchschmerzen zur Schule gehen oder sich ganz verweigern. Wir sehen auch überforderte Schulen, die das Kind immer wieder aufs Neue maßregeln und am Ende verweisen oder suspendieren. Manche Kinder mit FASD haben – aller Schulpflicht zum Trotz – über Monate oder Jahre keine Schule besucht. In diesem Beitrag möchte ich beschreiben, wie meiner Erfahrung nach Kinder sowie ihre Eltern »Schule« erleben, wo Schwierigkeiten bestehen und welche Hilfestellungen möglich sind.

5.2 Schulische Überforderung

5.2.1 Überforderung durch kognitive Einschränkung und schulische Anpassung

Kinder mit FASD werden in der FASD-Ambulanz in Walstedde oft vorgestellt mit der Klage, dass sie aggressives und/oder autoaggressives (selbstverletzendes) Verhalten zeigen. Manchmal ist das einfach ein imitierendes Verhalten: das Kind mit FASD sieht beispielsweise, wieviel Aufmerksamkeit Mitschüler oder Mitschülerinnen bekommen, die sich selbst verletzen (»Ritzen«), und ahmt das nach. Viel häufiger aber ist autoaggressives Verhalten bei Kindern mit FASD ein Zeichen von Überforderung. Und die geschieht im Alltag eines FASD-Kindes ganz überwiegend in der Schule.

Kinder mit FASD sind in einer Regelschule meist deutlich überfordert. Das wird allerdings noch zu selten wahrgenommen. Kinder mit FASD haben im Schnitt einen IQ von 75, das liegt in dem Bereich notwendiger Lernförderung, der auch einmal als »Lernbehinderung« eingestuft wurde. Die Hälfte der Kinder mit FASD haben damit allerdings einen höheren, teils ganz »normalen« IQ. Entsprechend werden sie dann eingeschätzt als Kinder, die doch im Schulstoff mithalten können müssten, die also »könnten, wenn sie nur wollten«. Zudem sind Kinder mit FASD meist sehr eloquent, können sich also sprachlich gut ausdrücken – allerdings verstehen sie das Gesagte oft selbst nicht. So gelten sie schnell als kompetenter, als sie tatsächlich sind. Es entsteht eine »Fassade« vermeintlicher Fähigkeiten, die tatsächlich nicht vorhanden sind. Die meist geringe schulische Leistung der betroffenen Kinder, die weniger durch den IQ, sondern vielmehr durch die *Vergesslichkeit und Konzentrationsschwäche* bedingt ist, wird in der Folge schnell als Faulheit oder Provokation ausgelegt.

Viele Kinder mit FASD strengen sich im Schulalltag sehr an. Sie wollen sein wie ihre Mitschüler und möchten nicht auffallen. Diese Anpassungsleistung führt noch mehr dazu, dass die betroffenen Kinder überschätzt werden, und manchmal auch dazu, dass sie übersehen werden (wenn andere Kinder in der Klasse »anstrengender« sind).

Gerade diese angepassten Kinder, die sich in der Schule zusammenreißen, sind im häuslichen Alltag oft aggressiv, unwillig, vermeidend und halten sich nicht an Regeln. Hier ist ein enger Zusammenhang erkennbar: die Anpassungsleistung in der Schule baut gewissermaßen Druck auf, der dann zuhause »vom Kessel muss«. Im Tagesablauf kann das so aussehen, dass die Kinder morgens beim Aufstehen, bei der Körperpflege, beim Ankleiden und Frühstücken bereits sehr unwillig sind, trödeln, schimpfen. Wenn sie das Haus verlassen haben und zum Schulbus laufen, sind sie freundlich, nett und zeigen sich fröhlich. Nach der Schule kippt diese Stimmung beim Eintritt ins Haus der (Pflege-)Familie, die Kinder sind aggressiv, beleidigen, verweigern sich den täglichen Anforderungen. Wenn nun die (Pflege-)Eltern in der Schule berichten, wie sich ihr Kind zuhause benimmt, sind Lehrerinnen und Lehrer oft überrascht und geschmeichelt: »Bei uns in der Schule ist es aber lieb.« Nicht selten folgt der Nachsatz: »Dann machen Sie als Eltern wohl einiges falsch«. Beide Seiten verstehen oft nicht, dass die Eltern – und das Kind selbst auch – für die schulische Anpassungsleistung des Kindes einen Preis zahlen. Das »Bravsein« in der Schule ist ohne das »explosive« Verhalten zuhause nicht zu haben. Lehrerinnen und Lehrer berücksichtigen nicht immer, dass sie die aus ihrer Sicht erfreuliche und den eigenen pädagogischen Fähigkeiten geschuldete schulische Anpassung des Kindes in Wirklichkeit der Geduld und Belastbarkeit der Eltern zuhause verdanken. Umgekehrt sehen nicht alle Eltern, dass das Dampfablassen zuhause ein – wenn auch enervierendes – Kompliment des Kindes ist. Es zeigt sich zuhause aus der Erschöpfung heraus aggressiv, beleidigend und unwillig, weil es sich nur dort eben zuhause und sicher fühlt.

Auch für die Kinder mit FASD selbst hat die schulische Überforderung Folgen. Sie reagieren nicht nur aggressiv, sondern auch autoaggressiv. Sie verletzen sich selbst, schlagen sich, reißen an den Nägeln, an der Haut. Das Foto zeigt die Hand eines kognitiv eingeschränkten Mädchens, das aus Gründen der Inklusion eine Regelschule besuchen musste. In seiner Not hatte das Mädchen Teile der Haut an ihrem Handballen abgerissen. In der Regel hilft nicht weiter, das Kind nach *einem* konkreten Anlass des selbstverletzenden Verhaltens zu fragen. Kinder mit FASD erleben ihren Schultag an der für sie ungeeigneten, weil überfordernden Schule vielmehr *als Kette von Niederlagen*, die (teils) die Schulleistung und (weit mehr) die sozialen und emotionalen Situationen des Schulalltags betreffen.

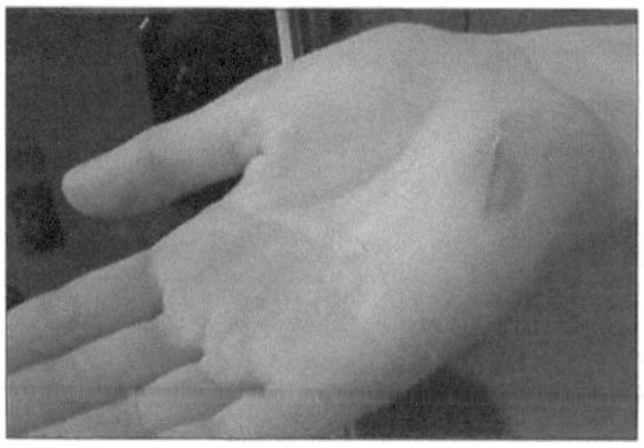

Abbildung 13: Selbstverletzung bei schulischer Überforderung

5.2.2 Soziale Überforderung

Überforderung von Kindern mit FASD findet also im Klassenraum (als zu hohe Leistungserwartung), mehr noch aber auf dem Pausenhof statt: Kinder mit FASD sind oft *entwicklungsverzögert*. Wir sehen z. B. Mädchen in der Pubertät, die mit Stofftieren oder Filly-Pferden zur Schule gehen möchten. Sie laden ihre Altersgenossinnen zum Spiel(en) ein, die längst andere Themen haben und die Klassenkameradin mit FASD albern und kindisch finden. Jungen mit FASD schlagen noch Bewegungsspiele (Verstecken, Fangen) vor, während die Gleichaltrigen schon »chillen« wollen. Die betroffenen Jungen und Mädchen erleben Ausgrenzung und Spott, haben oftmals keine Freundschaften unter Gleichaltrigen.

Kinder mit FASD spielen bevorzugt mit jüngeren Kindern, weil sie von Gleichaltrigen ausgegrenzt werden oder deren Interessen noch nicht teilen. Beim Spiel mit Jüngeren verstehen sie die Spielregeln – und können auch die »Bestimmer« sein, was sich altersgleiche Kinder nicht mehr gefallen lassen.

Kinder mit FASD sind in der Regel *arglos, naiv und leicht zu verleiten*. Sie tun das, was andere Kinder ihnen sagen. Das wird häufig ausgenutzt. Die betroffenen Kinder werden vorgeschickt, um eine Regel zu brechen, etwas zu stehlen oder zu zerstören. Sie sind ebenso häufig Mitläufer. Es ist dann oft das ahnungslose Kind mit FASD, das erwischt und bestraft wird – zum einen, weil es die Situation nicht verstanden hat und nicht ebenfalls weggelaufen ist, zum anderen, weil es vielleicht schon einen entsprechenden Ruf hat (»der Julius schon wieder!«). In der Folge wird das Kind noch mehr ausgegrenzt.

Insgesamt ist festzuhalten, dass Kinder mit FASD in der Schule häufig nicht nur kognitiv, sondern auch sozial und emotional überfordert sind. Aufgrund ihrer hirnorganischen Schädigungen sind sie Gleichaltrigen unterlegen, obwohl sie äußerlich gesund und altersgerecht entwickelt aussehen. Soziale Situationen können sie nicht richtig einschätzen und fremde Absichten nicht durchschauen. Sie sind oft noch nicht in der Lage, Freundschaften angemessen zu gestalten. Eine deutliche Mehrheit der Kinder mit FASD hat deshalb keine Freundschaften, wird von anderen Kindern gemieden und nicht zum Spiel oder nach Hause eingeladen.

5.3 Hilfestellungen aus Elternsicht

5.3.1 Schulwahl

Eltern von Kindern mit FASD, die sich für ihr Kind zunächst einen Regelschulbesuch wünschten, um vermeintlich dem Kind keine Chancen zu verbauen, erkennen die Überforderung meist recht schnell und erhoffen sich einen Schulwechsel. Im Alltag der ambulanten Versorgung dieser Kinder sehen wir ganz regelhaft nach dem gelungenen Schulwechsel ein deutlich verändertes Kind: Frühere aggressive Durchbrüche treten nicht mehr auf. Das Kind hat Freude an der Schule zurückerlangt, es hat Lernerfolge und hat auf der neuen Schule oft sogar erstmals Freundschaften geschlossen.

Schulwechsel sind derzeit nicht ganz einfach. Schulen möchten das Kind gern bei sich behalten. Ausnahmen sind Kinder, die in besonderer Weise belastend, also störend oder aggressiv sind. Oft bedarf es eines erheblichen Einsatzes aller Beteiligten, um einen Schulwechsel zu erwirken. So konnte etwa das Kind, das sich selbst an der Hand verletzt hatte, erst wechseln, als schließlich das Thema der Kindeswohlgefährdung angesprochen wurde.

Welche Schule ist nun für ein Kind mit FASD ideal? Hier gibt es keine eindeutige Antwort. In unserer Elternberatung spielt das »Etikett« der Schule nur eine untergeordnete Rolle, wichtiger sind andere Kriterien: Kinder mit FASD brauchen in der Regel eine in ihrer Größe überschaubare Schule, kleine Klassen und einen guten Schlüssel von Kindern und Erwachsenen im Klassenraum. Diese Bedingungen werden primär von Förderschulen oder beispielsweise auch von Privatschulen wie etwa Waldorf- oder Montessorischulen erfüllt.

Kindern mit FASD wird aber der Besuch einer Schule mit dem Förderschwerpunkt der geistigen Entwicklung verwehrt, wenn ihr Intelligenzquotient bei 70 oder höher liegt. Für einige der betroffenen Kinder ist allerdings der Besuch einer solchen Schule in besonderer Weise richtig, weil sie dort z. B. jene alltagspraktischen Fähigkeiten lernen können, die ihnen fehlen und die im häuslichen Alltag auch nicht gut erlernt werden. Bei vielen Kindern mit FASD beginnen die Aufgaben der Verselbständigung bereits bei sehr einfachen Dingen wie etwa dem Verständnis von Zeit, dem Lesen der Uhr, dem Verständnis von anderen abstrakten Größen wie etwa dem Wert des Geldes. Es ergibt sich nicht selten die missliche Situation, dass dem Kind der Besuch einer Schule mit dem Förderschwerpunkt der geistigen Entwicklung mit der Begründung verwehrt wird, dass es dort doch unterfordert sei, während das Kind selbst tatsächlich jeden Tag erneut »praktische Bildung«, also Anleitung z. B. bei einfachsten Aufgaben der Körperhygiene braucht.

Auch Schulen mit dem Förderschwerpunkt der körperlichen und motorischen Entwicklung, die oft übersehen werden, weil das Kind ja nicht im Rollstuhl sitzt, sollten in Betracht gezogen werden, sie sind oft ebenfalls geeignet für die Förderung eines

Kindes mit FASD. Kinder mit FASD fühlen sich an diesen Schulen in der Regel gut akzeptiert. Und natürlich sind auch kleine Klassen in Regelschulen geeignet, wenn in der Schule Verständnis für die »nicht sichtbare Behinderung« FASD aufgebracht wird. Unterstützen kann auch eine Integrationskraft oder eine Schulbegleitung. Offen sind noch die Möglichkeiten *echter Inklusion*, die bislang allerdings weithin noch mit Integration verwechselt wird.

Hier ist kurz zusammenzufassen, dass sicherlich keine Idealform einer Schule für Kinder mit FASD zu benennen ist. Entscheidend für die Wahl der »richtigen« Schulform sind vor allem die Bedürfnisse und Fähigkeiten der Kinder mit FASD. Die Eltern sollten daher *keine Schulform und damit keine Schule in ihrem Wohnumfeld von vornherein ausschließen*.

5.3.2 Strukturelle Unterstützung

Was erhoffen sich (Pflege-)Eltern mit einem FASD-Kind von der Schule? Nach unseren Erfahrungen wünschen sich Eltern als erstes, dass ihre Kinder angstfrei zur Schule gehen können. Die Schule sollte ein *beschützender Ort* sein, in dem das Kind sich sicher und behütet fühlt. Es ist immer wieder überraschend, wie sehr Kinder mit FASD »aufblühen«, Lebensfreude und Leistungsbereitschaft zeigen, wenn diese Bedingungen in der Schule erfüllt werden.

Die Eltern wünschen sich im Weiteren, dass der schulische Alltag möglichst *klar strukturiert* ist. Dieser Wunsch entspricht der Erfahrung, dass Kinder mit FASD von festen Routinen und Ritualen, klaren Strukturen und Regeln profitieren. Freiräume zur eigenen Entwicklung oder freie Zeiten zur eigenen Gestaltung werden von Kindern mit FASD nicht gut angenommen: je unstrukturierter solche Zeitabschnitte sind, desto eher besteht die Gefahr, dass die betroffenen Kinder schulische Regeln brechen.

Darüber hinaus wünschen sich Eltern, dass auch der *Kontakt* zwischen ihnen und den Lehrkräften ihres Kindes möglichst *planmäßig stattfindet und Gespräche strukturiert ablaufen*, beides also nicht Zufällen oder der Gelegenheit unterworfen ist, sondern auf klaren Absprachen beruht. Kinder mit FASD sind oft zu vergesslich und zu unaufmerksam, um Botschaften vom Lehrer zu den Eltern oder umgekehrt zu transportieren. Sie vergessen unterwegs, was sie tun sollten. Ähnlich vergessen sie, ihre Hausaufgaben zu notieren oder fühlen sich, wenn die Hausaufgaben benannt werden, nicht persönlich angesprochen. Für den *Kontakt zwischen Eltern und Lehrern* sollten Informationswege genutzt werden, die das Kind nicht überfordern, sondern zwischen den Eltern und dem Lehrpersonal direkt verlaufen – und das nach Möglichkeit auch in festen Abständen.

Manche Eltern bemerken, dass die Lehrer ihres Kindes die Besonderheiten der Fetalen Alkoholspektrum-Störung nicht gut verstehen. Bringen die Eltern *Informationsmaterial* in die Schule mit, gilt das als ein Versuch der Belehrung, den Lehrerinnen und Lehrer nicht immer gut ertragen. Tatsächlich sind Kinder mit FASD pädagogisch eine solche Herausforderung, dass es für alle Seiten hilfreich ist, wenn die Lehrkräfte elterliche Kenntnisse über FASD und den Umgang mit den betroffenen Kindern akzeptieren. Hier können Eltern und Lehrer vielfältig voneinander lernen.

Eltern sollten die Situation im Klassenzimmer verstehen: Lehrer haben einen pädagogischen Auftrag. Sie müssen beispielsweise mit Blick auf die Mitschüler bestimmte Verhaltensweisen mit Konsequenzen versehen, auch wenn beim Kind mit FASD dadurch keine dauerhafte Verhaltensänderung zu erwarten ist. Dabei sollten Lehrkräfte beachten, dass die Konsequenz auf unerwünschtes Verhalten beim Kind mit FASD allein die aktuelle Situation regelt/beantwortet. Die Konsequenz sollte nicht mit der Erwartung ausgesprochen werden, dass das Kind für die Dauer daraus lernt.

Kinder mit FASD bedürfen in der Regel der steten Aufsicht. Unbeaufsichtigt stellen sie oft Dinge an, deren Konsequenzen sie nicht absehen können. Die Eltern haben wiederholt schon unliebsame Erfahrungen damit gemacht, ihr Kind einmal unbeaufsichtigt gelassen zu haben. Ihr Aufsichtsverhalten scheint oft nicht mehr zum Alter des Kindes zu passen. Die Eltern werden dann schnell als Helikoptereltern gesehen und mit der Empfehlung konfrontiert, sie sollten ihrem Kind doch Freiräume gönnen und ihnen erlauben, eigene Erfahrungen zu sammeln. Hier ist es hilfreicher, wenn Lehrer das behütende Verhalten der Eltern ernst nehmen. Es ist Erfahrungen geschuldet, die die Lehrkräfte selbst machen werden, wenn sie das Kind mit FASD in der Schule in unstrukturierte und unbeaufsichtigte Freistunden entlassen.

5.3.3 Konkrete Unterstützung

Kinder mit FASD sind kognitiv oft eingeschränkt. Diese Einschränkung betrifft nicht einmal zuerst den IQ, sondern die Konzentration und vor allem die Gedächtnisleistungen. Die betroffenen Kinder *vergessen Lerninhalte und Absprachen schnell wieder*. Was heute gelernt wurde, kann morgen tatsächlich vergessen sein. Frischere Lerninhalte verdrängen auch ältere. Ein recht typischer Bericht von Eltern ist in Variationen der folgende: »Thorben hat das Plusrechnen gelernt, und das konnte er auch nach einiger Zeit. Dann hat er das Minuszeichen geübt, auch das konnte er irgendwann, aber das Pluszeichen war verloren. Sein Lehrer war sehr ungehalten, konnte das nicht glauben und sagte: ›Das Pluszeichen haben wir gestern noch geübt, das kann doch nicht weg sein!‹ Thorben saß aber völlig ratlos da und wusste nicht, was das Kreuz zwischen den Zahlen bedeuten soll.«

Die oft extreme Vergesslichkeit von Kindern mit FASD ist teilweise vergleichbar mit den Folgen einer Demenz. Sie beteuern, etwas nie wieder tun zu wollen, drehen sich um – und machen das gleiche noch einmal. Dieses Verhalten wird ihnen in der Regel als *Bosheit oder Frechheit* ausgelegt. Es ist für pädagogisch geschulte Menschen schwer zu glauben, dass Absprachen und Lerninhalte dem Kind innerhalb kürzester Zeit verloren gehen. Hintergrund der Vergesslichkeit ist die hirnorganische Schädigung, die das Gedächtnis insgesamt, nicht zuletzt auch den Wechsel der Lerninhalte vom Kurzzeit- ins Langzeitgedächtnis betrifft. Hier wünschen sich die Eltern Verständnis für die Schwierigkeiten des Kindes. Ein Kind mit FASD, das ratlos vor seinen Aufgaben sitzt oder Absprachen nicht einhält, macht das so gut wie niemals absichtlich. Statt sich zu ärgern, ist es hier hilfreich, wenn das Kind nach seinen Notwendigkeiten unterstützt und erinnert wird.

Die starke Vergesslichkeit der Kinder mit FASD setzt pädagogischen Bemühungen oft enge Grenzen. Belohnungssysteme etwa sind selten erfolgreich. »Emilia-Sophie bekam für jede gute Leistung ein Smiley. Aber sie hat schnell vergessen, wofür die ›Grinsegesichter‹ denn gut sind.« Gibt es Punktabzüge, erleben Kinder mit FASD das bald als ungerecht, weil sie die Gründe vergessen haben. Verblüffend oft noch sollen Kinder mit FASD schulische Regeln, die sie nicht eingehalten haben, z. B. 100 mal aufschreiben. Das ist eine sinnfreie Strafe, weil die betroffenen Kinder daraus nicht lernen können. Besser ist es, den Kindern das Einhalten von Regeln zu erleichtern.

Die in diesem Buch zusammengetragenen Empfehlungen sollen als hilfreiche Anregungen verstanden werden, den Schulalltag mit FASD-Kindern zu erleichtern – für die Lehrer, die Eltern und die Betroffenen selbst.

Es ist sicherlich auch zu bedenken, dass praktische Ideen nicht in jeder Schule gleich gut umzusetzen sind. Dagegen sprechen oft räumliche und strukturelle Gründe. Die meisten Hilfestellungen für Kinder mit FASD sind auch wohl nur in Schulen sinnvoll umsetzbar, in denen sehr sorgfältig auf die Problematik von Ausgrenzung oder gar Mobbing geachtet wird. Es ist im Einzelfall zu überprüfen, was machbar ist.

5.4 Zum Schluss

Die meisten Eltern teilen uns mit, dass die Haltung der Lehrerin oder des Lehrers zum Kind mit FASD entscheidend ist, nicht so sehr dagegen, ob der »Werkzeugkoffer« der unterstützenden Methoden in der Schule perfekt gefüllt ist. Die Lehrkräfte sollten das Verhalten des Schülers möglichst nicht als persönlichen Angriff verstehen. Auch, wenn das Kind den Lehrer oder die Lehrerin an die pädagogischen Grenzen führt, ist das der hirnorganischen Schädigung geschuldet – und keine Absicht. Das Verhalten von Kindern mit FASD kommt oft einer Provokation gleich und ist davon nur schwer zu unterscheiden. Hier ist es hilfreich, sich ab und zu daran zu erinnern, dass das kränkende Kind in Wirklichkeit selbst krank ist.

6. Serviceteil

Im Folgenden finden Sie weiterführende Literatur, Links, Adressen sowie Video- und Filmempfehlungen.

6.1 Literaturempfehlungen

Ratgeber (Auswahl)

Falke, S., Stein, S. (2018). Ein (Pflege-)Kind mit FASD – und glücklich! Ein pädagogisch-therapeutischer Wegweiser (2. Auflage). Idstein: Schulz-Kirchner.

Jost, A., Wirth, J.V. (2017). Mehrperspektivisches Arbeiten in der Kinder- und Jugendhilfe: »Steven M.« – ein Junge mit FASD. Stuttgart: Kohlhammer.

Menger, B. (2017). Solange ich noch Hoffnung habe: FAScetten eines Lebens. Idstein: Schulz-Kirchner.

Schlachtberger, A. (2017). FASD und Schule: Eine Handreichung zum Umgang mit Schülern mit Fetaler Alkoholspektrumstörung. Idstein: Schulz-Kirchner.

Schmidt, H., Fietzek, M., Holodynski, M., Feldmann, R. (2015). FAS Erste-Hilfe-Koffer: Hilfen und Tipps zur Erleichterung des Alltags mit einem alkoholgeschädigten Kind oder einem Kind mit ähnlichen Verhaltensaufälligkeiten (2. Auflage). Idstein: Schulz-Kirchner.

Thomsen, A., Michalowski, G., Landeck, G., Lepke, K. (2018). FASD – Fetale Alkoholspektrumstörungen: Auf was ist im Umgang mit Menschen mit FASD zu achten? Ein Ratgeber (3. Auflage). Idstein: Schulz-Kirchner.

Wagner, G. (2017). Ich, das Kind aus der Schnapsflasche. Hitzacker: Cogitare.

Ratgeber für Kinder

Feldmann, R., Noppenberger, A. (2019). FAS(D) perfekt! München: Ernst-Reinhardt.

Ratgeber/Hörbuch für Entspannungsübungen (Auswahl)

Friebel, V. (2013). Traumreisen für Kinder zur Förderung von Entspannung, Konzentration, Ich-Stärke und Kreativität. Münster: Ökotopia.

Petermann, U. (2014). Entspannungstechniken für Kinder und Jugendliche. Ein Praxisbuch (8. Auflage). Weinheim: Beltz.

Petermann, U. (2019). Die Kapitän-Nemo-Geschichten: Geschichten gegen Angst und Stress (20., korrigierte Auflage). Göttingen: Hogrefe.

Polakov, S. (2012). Hörbuch: Entspannung für Kinder. Autogenes Training, Muskelentspannung, Imaginationen. Baden-Schweiz: minddrops.

Reeker-Lange C., Aden, P. (2018). Handbuch der Progressiven Muskelentspannung für Kinder. (2. Auflage). Stuttgart: Klett Cotta.

Salbert, U. (2016). Ganzheitliche Entspannungstechniken für Kinder. Bewegungs- und Ruheübungen, Geschichten und Wahrnehmungsspiele aus dem Yoga, dem Autogenen Training und der Progressiven Muskelentspannung (10. Auflage). Münster: Ökotopia.

Fachliteratur (Auswahl)

Bott, J. (2012). Alkoholkonsum während der Schwangerschaft. Folgen für das Kind und sein Leben. München: GRIN.

Eberwein, H. (1996). Zur Kritik und Revision des lernbehindertenpädagogischen Paradigmas. In Eberwein, H. (Hrsg.), Handbuch Lernen und Lern-Behinderungen. Weinheim: Beltz, S. 11–15.

Feldmann R., Ellinger, K. (2012). FASD in Schule und Beruf. In Paditz, E. & Ipsiroglu, O. (Hrsg.), FASD 2011 – Facetten eines Syndroms. Dresden: Kleanthes, S. 133-143.

Heinen, F., Landgraf, M. (2013). Fetales Alkoholsyndrom: S3-Leitlinie zur Diagnostik (Pädiatrische Neurologie). Stuttgart: Kohlhammer.

Landgraf, M., Heinen, F. (2016). S3 Leitlinie. Diagnostik des Fetalen Alkoholspektrumstörungen (FASD). Kurzfassung. Berlin: Drogenbeauftragte der Bundesregierung

Landgraf, M., Hoff, T. (2018). Fetale Alkoholspektrumstörungen: Diagnostik, Therapie, Prävention (Sucht: Risiken – Formen – Interventionen). Stuttgart: Kohlhammer.

Landschaftsverband Rheinland, LVR-Landesjugendamt Köln, Landschaftsverband Westfalen-Lippe, LWL-Landesjugendamt Münster (2017). Fetale Alkoholspektrum-Störungen. In der Praxis der Pflegekinderhilfe. Köln/Münster.

Nordhues, P., Weischenberg, M., Feldmann, R. (2013). Das fetale Alkoholsyndrom: Eine Studie zur Erfassung der Prävalenz bei Pflegekindern. In Feldmann, R., Michalkowski, G., Lepke, K. (Hrsg.), Perspektiven für Menschen mit Fetalen Alkoholspektrumstörungen (FASD). Idstein: Schulz-Kirschner, S. 18–34.

Schindler, G. (2013). Die Fetale Alkoholspektrum-Störung. Berlin: Drogenbeauftragte der Bundesregierung.

Spohr, H.-L. (2016). Das Fetale Alkoholsyndrom im Kindes- und Erwachsenenalter (2. Auflage). Berlin: De Gruyter.

Spohr H.-L, Steinhausen, H. (2008). Fetal alcohol spectrum disorders and their persisting sequelae in adult life. In Deutsches Ärzteblatt, Int 105, S. 693–698.

6.2 Empfehlenswerte Filme und Videos

Aus dem Kopf gefallen. Eine Filmreihe über junge Menschen mit FASD und ihre Überlebenshelfer (D, 2018)

DVD, 50 Minuten plus 65 Minuten Bonusmaterial
Bezug: Medienprojekt Wuppertal; Link: https://www.medienprojekt-wuppertal.de/site.php?site=v_260
Der Film ist gegen eine Gebühr auch als Stream bzw. als Download erhältlich.

Dieser empfehlenswerte Dokumentarfilm des Medienprojekts Wuppertal porträtiert Kinder, Jugendliche und junge Erwachsene mit FASD. Die Kamera begleitet die Jugendlichen in die Schule, in eine berufsvorbereitende Bildungsmaßnahme und eine Behindertenwerkstatt. Im Mittelpunkt steht dabei vor allem das Alltagserleben der betroffenen Kinder und Jugendlichen selbst. Darüber hinaus geht es auch um die Perspektiven der Pflegeeltern sowie der Geschwisterkinder. Dabei wird deutlich, dass das Leben mit einem Kind mit FASD eine große Herausforderung ist, die Kraft, Geduld und Flexibilität erfordert. Darüber hinaus kommen Expertinnen zu Wort, unter anderem zu Therapien, Unterstützungsformen und Hilfen für betroffene Kinder und ihre Familien. Das »Bonusmaterial« enthält informative Interviews mit einem Sozialarbeiter und einer Ärztin, die langjährige Erfahrung mit FASD-Betroffenen und ihren Familien haben. Außerdem das berührende Portrait eines jungen Paares, bei dem beide von FASD betroffen sind.

Alkoholkinder – Behinderung durch Alkohol in der Schwangerschaft (D, 2016)

44 Minuten; im Internet verfügbar u. a. auf dem Videoportal YouTube; Link: https://www.youtube.com/watch?v=Emr5ZzACaj4

Die einfühlsame WDR-Dokumentation aus der Reihe »Menschen hautnah« porträtiert die 30-jährige Jenny und ihre Tochter Sophie, bei der ein Fetales Alkoholsyndrom diagnostiziert wurde. Doch als wäre das nicht genug, erfährt Jenny, dass sie selbst ebenfalls FASD hat. Denn auch ihre eigene Mutter hat in der Schwangerschaft getrunken. Jenny versteht heute, warum ihre Tochter solche Probleme hat, aber vor allem auch, warum sie selbst in ihrem Leben immer wieder gescheitert ist: keine Freunde, keinen festen Job, drei Kinder von drei unterschiedlichen Männern. Obwohl es Jenny schwerfällt, den Alltag mit den drei Kindern zu bewältigen, möchte sie eine gute Mutter sein. Sie sucht Hilfe bei Behörden und Ärzten für ihre Tochter und für sich selbst. Obwohl das Jugendamt sie unterstützt, geht es ständig um die Frage: Kann sie mit ihren Kindern allein leben? Jenny hat den Mut, ihre Geschichte öffentlich zu erzählen, weil noch immer viele glauben, ein Glas Alkohol schade dem Kind im Mutterleib nicht. Jenny weiß es besser.

Alkohol in der Schwangerschaft – Wenn Mütter ihre Kinder behindert trinken (D, 2019)

18 Minuten; im Internet verfügbar; Link bei Spiegel Online: http://www.spiegel.de/video/spiegel-tv-alkohol-waehrend-der-schwangerschaft-video-99024744.html

Die kurze Dokumentation begleitet Familie Schäfer. Alle drei Kinder leiden an FASD. Durch die Begleitung der Familie im Alltag sowie bei Arztbesuchen werden die Folgen der FASD anschaulich dargestellt.

Alkohol in der Schwangerschaft: lebenslanger Schaden (D, 2019)

8 Minuten; im Internet verfügbar; Link bei NDR: https://www.ndr.de/fernsehen/sendungen/panorama3/Alkohol-in-der-Schwangerschaft-lebenslanger-Schaden,fasd106.html

In der kompakten Dokumentation werden Kevin und Rene A. vorgestellt. Die beiden Halbbrüder sind 24 und 26 Jahre alt und haben erst im Erwachsenenalter die Diagnose FASD erhalten. Jahrelang wusste niemand, was mit ihnen nicht stimmt. Die Diagnosestellung stellte eine Befreiung für die Familie dar.

Max und das Fetale Alkoholsyndrom (FAS) (D, 2016)

6:20 Minuten; Im Internet verfügbar; Link bei Youtube: https://www.youtube.com/watch?v=zzjxrROycmE

Ein kurzes, anschauliches animiertes Erklärvideo, in welchem am Beispiel von Max das Krankheitsbild FASD dargestellt wird.

6.3 Weblinks (Auswahl)

Deutsches Ärzteblatt (2017). Hohe Prävalenz des fetalen Alkoholsyndroms in Europa. Link: https://www.aerzteblatt.de/nachrichten/77751/Hohe-Praevalenz-des-fetalen-Alkoholsyndroms-in-Europa

Die Drogenbeauftragte der Bundesregierung (2017). Fetale Alkoholspektrumstörung – und dann? Ein Handbuch für Jugendliche und junge Erwachsene. Link: https://www.drogenbeauftragte.de/fileadmin/dateien-dba/Drogenbeauftragte/2_Themen/2_Suchtstoffe_und_Abhaengigkeiten/2_Alkohol/Downloads/FASD_Handbuch_10_27012016.pdf

Kölner Stadt Anzeiger (2018): »Ich vergesse, dass ich gegessen habe«. Eine 17-Jährige mit FASD erzählt. Link: https://www.ksta.de/koeln/koeln-archiv/koelnerin-zu-alkohol-in-schwangerschaft--ich-vergesse--dass-ich-gegessen-habe-30518908

Probst, M. (2018). Schulbegleitung bei Kindern mit Fetaler Alkoholspektrumstörung. Leitfaden. Link: http://www.fasd-deutschland.de/images/Leitfaden_fur_Schulbegleiter.pdf

Spiegel Online (2015). Kaputt getrunken. Link: http://www.spiegel.de/spiegel/print/d-138603680.html

BzGA (2019). Online Beratung für Schwangere. Link: http://www.iris-plattform.de/

Zeit Online (2018). »Dass ich ganz allein dafür Schuld bin«. Link: https://www.zeit.de/2018/37/alkoholsyndrom-schwangerschaft-fas

6.4 Ausstellung ZERO!

Das FASD-Netzwerk Nordbayern hat in Zusammenarbeit mit der Jugendkunstschule Erlangen eine interaktive Wanderausstellung mit dem Namen ZERO! entwickelt, welche die Thematik Alkohol in der Schwangerschaft anschaulich und erlebnisorientiert darstellt. Die Ausstellung steht unter der Schirmherrschaft der Drogenbeauftragten der Bundesregierung und wird vom Bundesministerium für Gesundheit gefördert.

ZERO! wird bundesweit verliehen und richtet sich primär an Jugendliche, junge Erwachsene und Schulen, auch aber an Vereine, Ämter, Selbsthilfegruppen, Kliniken etc.

Mittelpunkt der Wanderausstellung ist ein Kuppelzelt. Im Innenraum des Zeltes wird die Gebärmutter und die 40 Wochen Schwangerschaft aus Sicht des Fötus interaktiv darstellt.

Die Außenhülle beschreibt hingegen erlebnisorientiert die neun Schwangerschaftsmonate aus Sicht der Schwangeren selbst. Die Ausstellung thematisiert dabei immer wieder den Einfluss von Alkohol während der Schwangerschaft und vermittelt weiterführende Informationen hierzu. Auch FASD-Betroffene kommen zu Wort und schildern ihren Alltag mitsamt den alkoholbedingten Hindernissen und Problemen. Ebenfalls werden Medien (Filme, Berichte etc.), welche während der Ausstellung oder z. B. von Lehrern im anschließenden Unterricht genutzt werden können, vorgestellt.

Weitere Informationen hierzu finden sich auf der Website der Ausstellung (http://www.wenn-schwanger-dann-zero.de) und auf einem Flyer der Drogenbeauftragten (https://www.drogenbeauftragte.de/fileadmin/dateien-dba/Drogenbeauftragte/4_Presse/3_Projekte_und_Schirmherrschaften/1_Projekte/Zero_Infofolder.pdf).

Für eine Kontaktaufnahme wird auf den Verein FASD-Netzwerk Nordbayern verwiesen (http://fasd-netz.de).

6.5 Hilfreiche Adressen (Auswahl)

Fachzentrum für Pflegekinder mit FASD Köln
Erziehungsbüro Rheinland gGmbH

Christophstr. 50–52, 50670 Köln
Telefon: 0221/72026223
E-Mail: info@erziehungsbuero.de
Internet: http://www.fasd-fachzentrum.de

Das Erziehungsbüro Rheinland rief für Köln und Umgebung ein regionales Fachzentrum für Kinder mit FASD ins Leben. Im Rahmen des Fachzentrums wurde ein interdisziplinäres Netzwerk von Medizinern, Psychologen und Pädagogen geschaffen.

FAS-Beratungsstelle – Eylardus Werk

Teichkamp 34, 48455 Bad Bentheim-Gildehaus
Telefon 05924/781230
E-Mail: fas@eylarduswerk.de
Internet: http://www.fas-beratungsstelle.de

Das Eylarduswerk hat seit Anfang der 2000er Jahre umfangreiche Erfahrungen in der Alltagsgestaltung mit FASD-Kindern gesammelt. Anfang 2015 hat das Eylarduswerk die erste FAS-Beratungsstelle in Niedersachsen eröffnet. Das Eylarduswerk war ebenfalls an der Erstellung des Handbuchs für Betroffene der Drogenbeauftragten beteiligt.

FASD Deutschland e.V.

Hügelweg 4, 49809 Lingen
Telefon: 0591/7106700
E-Mail: info@fasd-deutschland.de
Internet: http://www.fasd-deutschland.de/

Auf der Internetseite des Vereins FASD Deutschland e.V. finden sich vielfältige Informationen und Tipps für (Pflege-)Eltern und Familienangehörige von FASD-Betroffenen unterschiedlichen Alters, unter anderem auch von Schulkindern. Hier steht z. B. auch ein Leitfaden für Schulbegleiter als pdf-Datei zum Download bereit (s. o. Weblinks). Unter dem Menüpunkt »Hilfe und Beratung« finden sich unter anderem die Kontaktdaten von regionalen Selbsthilfegruppen und Ansprechpartnern, die ehrenamtliche Beratung anbieten. Weiter bietet der Verein regelmäßige Fachtagungen zu unterschiedlichen Themen an. Die Vorträge der vergangenen Fachtagungen sind in schriftlicher Form verfügbar.

FASD-Fachzentrum in Berlin/Sonnenhof Evangelischer Verein

Neuendorfer Straße 60, 13585 Berlin (Spandau)
Telefon: 030/3358031
E-Mail: sonnenhof-ev@t-online.de
Internet: http://www.fasd-fachzentrum.de, http://www.ev-sonnenhof.de

Das FASD-Fachzentrum ist eine bundesweite Beratungsstelle für alkoholgeschädigte Kinder und Jugendliche, welche auf der jahrzehntelangen Arbeit des Sonnenhofs aufbaut. Der Sonnenhof ist eine Einrichtung für Kinder, Jugendliche und Erwachsene mit FASD. Der Sonnenhof war eine der ersten Einrichtungen in Deutschland, in der Fachleute Menschen mit FASD unterstützen. Viele der Erwachsenen mit FASD, die im Sonnenhof leben, und ihre Betreuerinnen und Betreuer haben an dem ersten FASD Buch für Betroffene selbst mitgeschrieben (s. o.).

FASD-Fachzentrum in Leipzig/ Sozialpädagogisches Zentrum Leipzig

Delitzscher Straße 141/Haus 17, 04129 Leipzig
Telefon: 0341/984690
Fax: 0341/9800645
E-Mail: spz@fhle.de
Internet: https://fhle.de/sozialpaedriatisches-zentrum/
(Träger: Frühe Hilfe für entwicklungsgestörte und behinderte Kinder Leipzig e.V.; Landsberger Straße 28; 04157 Leipzig www.fhle.de)

Das Sozialpädiatrische Zentrum Leipzig ist eine ambulante Einrichtung zur Früherkennung und Behandlung von Störungen der körperlichen, geistigen und seelischen Entwicklung bei Kinder und Jugendlichen von der Geburt an bis zu einem Alter von 18 Jahren unter der ärztlichen Leitung von Frau Dr. med. Hoff-Emden.

FASD-Netzwerk Nordbayern e.V.

Atzelsberger Str. 10
91094 Bräuningshof
E-Mail: info@fasd.netz.de
Internet: http://www.fasd-netz.de

Das FASD-Netzwerk in Nordbayern wurde 2010 gegründet und ist eine Vereinigung von Organisationen und Institutionen aus Nordbayern, die sich in der Lehre, Forschung, Diagnostik, Therapie, Beratung und Betreuung mit von FASD betroffenen Menschen beschäftigen. Ziel ist es, das Bewusstsein für FASD in der Öffentlichkeit und insbesondere bei Jugendlichen, jungen Erwachsenen und Schwangeren zu stärken. Mit Unterstützung des Bundesministerium für Gesundheit konzipierte und realisierte das FASD-Netzwerk Nordbayern die Wanderausstellung ZERO! (s. 6.4).

Integriertes Sozialpädiatrisches Zentrum im Dr. von Haunerschen Kinderspital des Klinikums der Universität München

Teilstandort Haus Haydn
Haydnstr. 5, 80336 München
Telefon: 089/552734-0
Fax: 089/552734-222
Internet: www.ispz-hauner.de

Ein Team aus erfahrenen ÄrztInnen, PsychologInnen und TherapeutInnen arbeitet integrierend im Dr. von Hauner'schen Kinderspital unter der ärztlichen Leitung von Frau Dr. med. Landgraf.

Sozialpädiatrisches Zentrum in Ludwigsburg

Posilipo-Straße 4, 71640 Ludwigsburg
Telefon: 07141/9968101
Fax: 07141/997470
E-Mail: mail.spz@kliniken-lb.de
Internet: https://www.rkh-kliniken.de

Das Sozialpädiatrische Zentrum in Ludwigsburg bietet unter der ärztlichen Leitung von Herrn Dr. med. Buob eine umfassende Diagnostik und Behandlung für Kinder und Jugendliche mit komplexen Beeinträchtigungen und eine Beratung ihrer Familien an insbesondere auch im Rahmen der FASD-Diagnostik.

FASD-Ambulanz der Tagesklinik Walstedde

Dorfstraße 9, 48317 Drensteinfurt
Telefon: 02387/91946000
E-Mail: info@tagesklinik-walstedde.de
Internet: http://www.tagesklinik-walstedde.de

Das älteste und in Deutschland bekannteste Diagnostikzentrum für FASD wurde 2008 von Reinhold Feldmann in der Universitäts-Kinderklinik Münster ins Leben gerufen und ist seit 2011 in der Tagesklinik Walstedde beheimatet. Diagnostiziert werden dort die postnatalen Folgen von Alkohol- und Drogenkonsum in der Schwangerschaft. Neben der Diagnostik für Kinder, Jugendliche und Erwachsene setzt die FASD-Ambulanz Walstedde ihren Schwerpunkt auf die multiprofessionelle Langzeitbegleitung ihrer Patienten. Sie berät Familien u. a. darüber, welche sozialrechtlichen Möglichkeiten für Betroffene bestehen und welche Unterstützungen beantragt werden können. Weiter gibt sie Informationen zu Fragen des häuslichen und schulischen Alltags mit FASD-Kindern sowie zu Wohn- und Ausbildungsmöglichkeiten für betroffene Jugendliche. Auch gestaltet die FASD-Ambulanz Walstedde Gruppenangebote für Eltern und Kinder sowie Fortbildungen etwa für Schulen, Jugendämter und Jugendhilfeeinrichtungen.

6.6 Fragebogen »Fetal Alcohol Syndrome Questionnaire« (FASQ)

Die pränatale Schädigung durch den Alkoholkonsum der Schwangeren kann unterschiedliche Auswirkungen auf das Kind haben.

Fehlen äußerliche Merkmale teilweise oder sogar komplett, dann ist eine Diagnose erschwert. Eine erste Orientierung bietet hier der 2008 von der FAS-Ambulanz der Uniklinik Münster entwickelte Fragebogen »Fetal Alcohol Syndrome Questionnaire« (FASQ), in dem insbesondere soziale und emotionale Symptome abgefragt werden. Grundlage des FASQ sind 38 Fragen, die die Verhaltensauffälligkeiten und emotionalen Beeinträchtigungen der Kinder erfassen sollen. Dieser Fragebogen ersetzt jedoch keine fachliche Diagnosestellung. Er dient lediglich als Orientierung und Unterstützung im gesamten Diagnoseprozess. Dazu ist bei einem Summenwert von 45 Punkten oder mehr bei Kindern von zwei bis fünf Jahren von FASD auszugehen, bei Kindern ab sechs Jahren bei einem Summenwert von 55 Punkten. Dieser Wert als »Cut off« gilt für ein Alter bis 18 Jahren. Ein vergleichbarer Fragebogen für Erwachsene wird derzeit evaluiert. Das FASQ kann allerdings, wenn von zuverlässigen Personen ausgefüllt, auch im Rückblick genutzt werden. Es steht zum Download auf der Produktseite zu diesem Buch unter www.beltz.de zur Verfügung.

Fragebogen

Im Folgenden finden Sie eine Liste mit Verhaltensweisen und Eigenschaften. Bitte beurteilen Sie für jede Aussage, wie sehr sie auf das Kind zutrifft.

Trifft die Aussage *gar nicht* zu, kreuzen Sie bitte die 0 an. Trifft die Aussage *manchmal oder etwas* zu, kreuzen Sie bitte die 1 an. Wenn die Aussage *häufig* zutrifft, kreuzen Sie bitte die 2 an, und wenn die Aussage *voll* zutrifft, kreuzen Sie bitte die 3 an.

Bitte lassen Sie sich Zeit bei der Bewertung und überlegen Sie genau, wie sehr die Aussage auf Ihr Kind zutrifft!

0 = trifft gar nicht zu   1 = trifft manchmal zu   2 = trifft häufig zu   3 = trifft voll zu

Im Straßenverkehr ist das Kind achtlos	0	1	2	3
Das Kind verliert schnell das Interesse an einer Aktivität	0	1	2	3
Es kann sein Handeln nicht begründen	0	1	2	3
Das Kind kann Risiken nicht abschätzen	0	1	2	3
Das Kind wiederholt mehrfach Dinge, die andere sagen	0	1	2	3
Das Kind kann nicht erklären, warum es etwas gemacht hat	0	1	2	3
Das Kind ist arglos gegenüber anderen, es kann fremde Absichten nicht verstehen	0	1	2	3
Das Kind lügt häufig oder erfindet Ausreden	0	1	2	3
Das Kind versteht die Konsequenzen seines Handelns nicht	0	1	2	3

Wenn das Kind etwas falsches getan hat, fühlt es sich nicht schuldig	0	1	2	3
Das Kind beschädigt Dinge	0	1	2	3
Das Kind hat kein Verständnis für den Wert von Geld	0	1	2	3
Das Kind verliert häufig Dinge, z. B. seine Schulsachen	0	1	2	3
Das Kind ist schmerzunempfindlich	0	1	2	3
Das Kind lernt nur langsam	0	1	2	3
Das Kind hält neue Bekanntschaften wahllos für »nett« oder den »besten Freund«	0	1	2	3
Regeln kann das Kind nicht einhalten	0	1	2	3
Das Kind stiehlt Dinge, und zwar aus dem Elternhaus	0	1	2	3
Lerninhalte vergisst das Kind schnell wieder	0	1	2	3
Das Spiel des Kindes ist wenig phantasievoll	0	1	2	3
Pädagogische Maßnahmen, wie Lob oder Bestrafung, fördern das Kind nicht	0	1	2	3
Das Kind wechselt schnell von einer Aktivität zur anderen, ohne die Aktivität zu beenden	0	1	2	3
Die Tagesstruktur muss dem Kind von außen gegeben werden	0	1	2	3
Das Kind kann sich nicht für längere Zeit alleine beschäftigen	0	1	2	3
Das Kind lernt nicht aus seinen Fehlern, es lernt nicht aus Erfahrungen	0	1	2	3
Das Kind kann »mein« und »dein« nicht unterscheiden	0	1	2	3
Das Kind ist reizoffen und leicht ablenkbar	0	1	2	3
Das Kind spielt gerne mit Feuer oder hat schon Feuer gelegt	0	1	2	3
Das Kind geht mit jedem mit	0	1	2	3
Das Kind spielt Eltern oder andere Menschen gegeneinander aus	0	1	2	3
Das Kind hat nur wenige Spielideen	0	1	2	3
Das Kind hat kein Verständnis für das Konzept von Zeit	0	1	2	3
Das Kind benötigt eine permanente Betreuung und Kontrolle	0	1	2	3
Das Kind kann sich nicht temperaturgemäß kleiden	0	1	2	3
Das Kind spielt wenig mit Spielzeug	0	1	2	3
Das Kind hat Schwierigkeiten, sich zu konzentrieren	0	1	2	3
Das Kind zerstört Gegenstände	0	1	2	3
Das Kind streitet sich häufig mit anderen Kindern	0	1	2	3

Vielen Dank!